ZHUOYUE TIYU JIAOSHI PEIYANG XILIE JIAOCAI

卓越体育教师培养系列教材
乒乓球

主　编　唐东阳
副主编　姜正华
参　编　沈磊　邱莹　李雯雯

华中科技大学出版社
http://www.hustp.com
中国·武汉

内容简介

本书是湖北省卓越体育教师运动项目教学能力培养项目和湖北省精品课程"乒乓球"主讲教材,共分6章。第1章主要内容包括乒乓球运动起源与发展、项目特点、新中国乒乓球运动发展取得的巨大成绩、乒乓球重要管理机构及其赛事;第2章主要内容包括乒乓球技术要素、基本用语及项目中的运动力学知识;第3章介绍体育课程一体化背景下中小学乒乓球课程教学与设计理论,突出教学设计理念、教学内容选择、教学要求、教学方法、教学评价及教学文件制定等;第4章主要介绍乒乓球基本技战术的动作要领、教学、训练及评价方法;第5章介绍乒乓球运动身体素质的分类、要求以及训练与测试方式;第6章主要介绍乒乓球赛制、竞赛抽签/编排/组织方法、裁判操作及规则。本书在遵循乒乓球项目理论体系的基础上,特别强调乒乓球基本教学能力、训练能力和学校体育赛事组织能力的培养。

图书在版编目(CIP)数据

乒乓球/唐东阳主编. —武汉:华中科技大学出版社,2022.6
卓越体育教师培养系列教材
ISBN 978-7-5680-8435-2

Ⅰ.①乒… Ⅱ.①唐… Ⅲ.①乒乓球运动-教材 Ⅳ.①G846

中国版本图书馆 CIP 数据核字(2022)第 103251 号

乒乓球(卓越体育教师培养系列教材) 唐东阳 主编
Pingpangqiu(Zhuoyue Tiyu Jiaoshi Peiyang Xilie Jiaocai)

策划编辑:	余伯仲
责任编辑:	罗 雪
封面设计:	刘 婷　廖亚萍
责任监印:	周治超

出版发行:华中科技大学出版社(中国·武汉)　　电话:(027)81321913
　　　　　武汉市东湖新技术开发区华工科技园　　邮编:430223
录　　排:华中科技大学惠友文印中心
印　　刷:湖北恒泰印务有限公司
开　　本:787mm×1092mm　1/16
印　　张:10
字　　数:242千字
版　　次:2022年6月第1版第1次印刷
定　　价:32.80元

本书若有印装质量问题,请向出版社营销中心调换
全国免费服务热线:400-6679-118　竭诚为您服务
版权所有　侵权必究

前言

为强化我国各类教师的教学能力和水平,以培养一批教育情怀深厚、专业基础扎实、勇于创新教学、善于综合育人和具有终身学习发展能力的高素质专业化创新型中小学教师,2018年9月17日,教育部正式发文实施卓越教师培养计划。为了满足新形势下的卓越体育教师培养要求,提高体育院校大学生专项技能及教学训练能力,在总结多年教学经验的基础上,我们组织一批一线教师编写了本教材。

在教材的编写中,教材内容的选择上既考虑了乒乓球项目知识体系,又充分考虑了体育教育专业学生的特点,同时密切结合现行中小学体育课程标准,力求满足学科、教学和未来职业三方面的需求;同时根据本专业培养目标和学生就业实际,在广泛调研基础上,注重培养学生的知识应用能力。本教材分为6章,每一章都有其主要任务。第1章是乒乓球运动概述,其主要任务是让学生对乒乓球项目的起源与发展、项目特点、项目价值、新中国在乒乓球项目发展中取得的巨大成绩、乒乓球项目重要的管理机构及其赛事等有一个完整了解,为将来在中小学体育教学中提供课程思政素材。第2章是乒乓球基础理论,其主要任务是让学生掌握乒乓球技术要素、基本用语及项目中的运动力学知识,培养用理论指导实践的能力。第3章是体育课程一体化背景下中小学乒乓球课程教学与设计理论,其任务是提升体育院校学生对中小学乒乓球课程的教学与设计能力。第4章主要介绍乒乓球基本技战术的动作要领、教学、训练及评价方法,其主要任务是让体育院校学生掌握基本的乒乓球技战术,并在将来的教学中知道怎样更高效地指导学生有效训练。第5章介绍乒乓球运动身体素质的分类、要求以及训练与测试方法,其主要任务是让学生系统掌握乒乓球专项体能训练手段和方法。第6章主要介绍乒乓球赛制、竞赛抽签/编排/组织方法、裁判操作及规则,其主要任务是让学生掌握竞赛的组织、执裁相关知识,为以后工作时开展校园乒乓球赛事打下基础。

本教材具有以下特点:

1. 本教材技战术部分只选择了乒乓球运动中基本和常用的技战术,对难度较大和使用率不高的技战术没有进行介绍。

2. 本教材在遵循乒乓球项目理论体系的基础上,特别强调学生乒乓球基本教学能力、训练能力和学校体育赛事组织能力的培养。

3. 本教材编写人员既有大学乒乓球教师,也有中小学优秀体育教师,力求做到紧密结合中小学体育课程标准,所选择内容更加符合中小学体育师资培养要求。

4. 为了更加直观,本教材中部分技术动作和体能训练方法可通过扫描二维码观看视频。

本教材可作为体育院校体育教育专业乒乓球专项课程教材,也可作为运动训练专业乒乓球专项课程教材,还可供乒乓球爱好者与自学者学习参考。

本教材由武汉体育学院乒羽教研室唐东阳任主编,武汉市第十九初级中学姜正华任副主编,参加本教材编写的还有武汉体育学院乒羽教研室沈磊、李雯雯,武汉轻工大学体育部邱莹。具体编写分工为:第1章唐东阳,第2章邱莹,第3章、第4章姜正华,第5章李雯雯,第6章沈磊。全书由唐东阳统稿。本教材的编写得到了兰彤教授、彭艳芳博士的大力支持,此外张荻妍、张荻娅、潘宇昕、林旭颖、陈名扬等同学协助拍摄示范动作,在此一并表示衷心的感谢。

由于编者水平有限,书中难免有不足之处,恳请广大读者批评指正。

编　者

2022 年 4 月

目录

第1章 乒乓球运动概述 / 1
 1.1 乒乓球运动的起源与传播 / 1
 1.2 乒乓球运动的特点与锻炼价值 / 2
 1.3 乒乓球运动技术发展历程 / 4
 1.4 新中国成立以来我国乒乓球运动的辉煌成就 / 6
 1.5 重要乒乓球组织及赛事 / 10
 1.6 思考题 / 14
 本章参考文献 / 14

第2章 乒乓球运动基础理论知识 / 16
 2.1 乒乓球技术要素 / 16
 2.2 乒乓球常用术语 / 20
 2.3 拓展知识 / 22
 2.4 思考题 / 23
 本章参考文献 / 23

第3章 体育课程一体化背景下中小学乒乓球课程教学与设计理论 / 24
 3.1 中小学乒乓球运动开展现状 / 24
 3.2 体育课程一体化背景下中小学乒乓球课程教学任务与要求及教学方法 / 26
 3.3 体育课程一体化背景下中小学乒乓球教学文件的制定 / 32
 3.4 体育课程一体化背景下中小学体育课程标准中乒乓球项目的内容与要求 / 41
 3.5 体育课程一体化背景下中小学乒乓球教学课组织与管理 / 71
 3.6 思考题 / 74
 本章参考文献 / 75

第4章 体育课程一体化背景下中小学乒乓球技战术教学能力培养 / 76
 4.1 体育课程一体化背景下中小学乒乓球技战术内容安排 / 76
 4.2 体育课程一体化背景下中小学乒乓球技术教学与实践 / 77
 4.3 体育课程一体化背景下中小学乒乓球战术教学与实践 / 99
 4.4 中小学乒乓球教学中的技术诊断、纠错、考核 / 103
 4.5 思考题 / 108

本章参考文献 / 108

第5章 乒乓球运动身体素质训练能力培养 / 110
5.1 乒乓球运动身体素质要求与分类 / 110
5.2 乒乓球运动身体素质训练与实践 / 113
5.3 乒乓球运动身体素质测试 / 124
5.4 思考题 / 126
　　本章参考文献 / 127

第6章 乒乓球竞赛组织与执裁能力培养 / 128
6.1 竞赛的意义和种类 / 128
6.2 乒乓球竞赛抽签方法 / 135
6.3 乒乓球竞赛编排方法 / 137
6.4 乒乓球竞赛组织方法 / 142
6.5 竞赛裁判工作与操作 / 144
6.6 乒乓球竞赛规则 / 147
6.7 思考题 / 153
　　本章参考文献 / 153

第 1 章

乒乓球运动概述

本章主要介绍乒乓球运动的起源及其在世界范围内的传播、项目特点、锻炼价值、技术发展历程、技术发展影响因素、组织机构及其所属重要赛事,以及新中国成立以来我国在竞技乒乓球、群众乒乓球和校园乒乓球方面取得的成就。本章旨在通过学习,让学生对乒乓球运动项目有一个大致而全面的了解,进而培养学生对乒乓球项目的兴趣和爱好,愿意将来成为乒乓球教师或教练,并在以后的教学生涯中,能够熟练指导学生参加相关体育赛事,同时掌握乒乓球运动相关的知识,以便今后在乒乓球教学中进行爱国主义教育。

1.1 乒乓球运动的起源与传播

1.1.1 乒乓球运动的起源

乒乓球运动是从网球运动的游戏中起源的。在 1901 年出刊的俄罗斯刊物《园地》中有这样的描述:19 世纪末的一天,英国伦敦两位年轻的网球迷在一家餐馆用餐,在等待服务员送饭时讨论网球战术,为了更好地表达意图,两人拿起桌上大号雪茄烟的硬纸盒盖子当作球拍,拔出酒瓶上的软木瓶塞当作网球,开始在餐桌上模仿打网球的动作进行比划。没想到这一比划,发现打起来很有意思,于是越打越有劲,吸引了很多人围观,餐厅的女主人也被吸引过来了,并且在不经意间惊呼"Table Tennis"(桌上网球)。很快,这项餐桌上的游戏就开始在欧洲许多国家流行起来并逐渐演变成一项运动。那位餐厅女老板不经意间的一声惊呼也就成为了这项游戏的名称。早期的器材和现在有较大的区别,餐桌就是球台,球拍大多是空心的,用羊皮纸贴成,形状多为长柄椭圆形,球多为橡胶或软木实心球,而且为了避免损坏餐桌,往往还在外面包一层轻而结实的毛线。1890年,英国著名越野跑运动员詹姆斯·吉布偶尔发现一种赛璐珞硝酸纤维素塑料制成的空心玩具球弹性很好,他就将其稍加改进并引入到这项运动中来。因为这种球在桌上跳来跳去时会发出"乒乓乒乓"的声音,因此一家英国广告公司首先用"Ping-Pang"(中文英译乒乓)做了广告上的名称,这也成为了这项运动的另一俗称。

1.1.2 乒乓球运动的传播

1902 年,留学英国的日本东京高等师范学校教授坪井玄道将乒乓球整套用具带回日本。1904 年,上海四马路一家文具店的老板王道平从日本购买乒乓球器材并带回上海,从此中国就开始有了乒乓球活动。1916 年,上海的基督教青年会设有乒乓球活动房,一些学生开始参加乒乓球活动,随后这项活动逐渐在北京、天津、上海、广州等几大城市开展起来。1905—1910年间,乒乓球活动传入中欧的维也纳、布达佩斯;而后逐步扩展到北非的埃及等地。此时在器材和游戏方法上,乒乓球运动还有明显的网球运动项目的痕迹,还处在游戏水平的阶段。

1890年,英国成立了乒乓球协会,并在皇后大厅举行了英国大型乒乓球比赛,开创了乒乓球正式比赛的先河。第一次世界大战结束后,在1918年,欧洲许多国家相继成立了乒乓球协会,乒乓球的竞赛活动得以在各国之间开展。国家间乒乓球运动的比赛活动,不仅促进了乒乓球技术的提高,同时也为乒乓球运动在世界范围内的传播以及国际乒乓球组织的成立奠定了组织基础。

1926年12月举行了第一届世界乒乓球锦标赛(简称世乒赛),比赛期间正式成立了国际乒乓球联合会(简称国际乒联),并通过了国际乒联章程和乒乓球竞赛规则,乒乓球运动也由一项游戏发展成为一项正式和规范的竞技体育运动,并逐渐在世界各地传播开来,至今已经成为世界上参与人数最多的运动项目之一。

1.2　乒乓球运动的特点与锻炼价值

1.2.1　乒乓球运动的特点

乒乓球运动之所以受到世界各地人们的喜爱,原因与其独有的特点分不开。

1. 场地器材要求简单

乒乓球运动对场地和器材的要求相对来说比较简单。标准的比赛场地只需要不少于7米宽、14米长,空间高度不低于5米,而低级别的比赛场地和群众锻炼场地甚至还可以更小。除了正式的比赛场地,乒乓球场地甚至还可以设置在室外。在球拍和球的使用上,花费不高,且损耗不大。一支几百元的球拍对于普通的乒乓球爱好者来说已经绰绰有余,如果保护好,用几十年都不成问题。一个乒乓球也才几元钱,对于普通爱好者,用上几天都不会破。

2. 运动同伴可多可少

乒乓球运动对一起参与运动的人数要求比较宽松,一个人也可以借助辅助器械进行独自练习,两个人就可以对练,三个人可以一对二练习,人数多时可以双打和进行团体比赛。

3. 不易受伤

乒乓球运动属于隔网对抗类项目,双方运动员没有直接的身体接触,可以避免冲撞受伤。另外,乒乓球运动中没有对身体有危险的高难度动作,运动员一般不会出现严重的伤病。部分运动员因为运动量过大或动作不正确而出现伤病,一般也不会伤筋动骨,只要休息一段时间就会痊愈。

4. 运动量和运动强度易控,不同年龄人群均可参加

乒乓球运动的运动量、运动强度容易控制,不同年龄阶段的人群均可以根据自己的身体状况参与这项运动。幼儿4—5岁就可以开始启蒙学习,80多岁的老年人依然可以挥拍上阵。

5. 乒乓球运动中蕴含了智能

乒乓球运动除了需要技能和体能外,还需要智能。乒乓球比赛中,在技战术水平相当的情况下,还需要斗智斗勇,为这项运动增添了无穷的乐趣。

1.2.2 乒乓球运动的锻炼价值

乒乓球运动自发展以来一直深受民众的喜爱,其自身具有很高的锻炼价值,主要表现在以下 6 个方面。

1. 有助于提高和改善运动系统的机能

研究证明,经常参加乒乓球运动能改善骨骼、肌肉、关节等组织的功能,从而改善人体的运动系统,起到促进骨骼健康发展、增大肌肉力量、稳固关节的作用,对促进青少年力量增长、身高增长、协调性提高、速度提高等方面均有显著的帮助,同时,对中老年人生理机能、形态功能衰退具有良好的延缓作用。

2. 有助于提高和改善神经系统的机能,提高智力水平

乒乓球运动是以重复动作为主的体育项目,重复次数的增加能不断地对大脑及全身神经系统产生刺激,久而久之,全身神经细胞的工作强度、灵敏性和承受刺激的能力会得到改善和提高,从而增强神经细胞的新陈代谢能力,为大脑和神经系统得到充足的能量和足够的氧气提供了强有力的保证,从而提高神经系统工作效率。乒乓球运动还是一项智力因素极强的大众化运动项目,长期坚持参加乒乓球运动,有利于活跃人们独立分析问题的思维能力,从而使智力得到全面开发。研究表明,适当的乒乓球运动,对提高青少年的文化学习效率有明显的效果。

3. 有助于提高和改善心肺器官的功能

乒乓球运动中的耐力训练对改善和提高心肺功能有很大的作用,经常参加乒乓球运动可以促使人的心脏血管舒张期延长、心肌血液供应增多,避免心肌缺血等心血管疾病的发生。长期坚持参加乒乓球运动能够提高呼吸系统的换氧功能,增加肺容量和通气量,提高肺部功能,从而增强呼吸肌的力量和耐久力,大大地增强呼吸系统的功能。呼吸肌的力量增强、胸廓的活动范围的扩大,使得充满气体的肺泡增多,所以肺活量也随之增大。

4. 有利于培养良好的心理素质,挖掘人的心理潜能

乒乓球运动不但具有较强的娱乐和游戏性质,还具有较强的竞技性。乒乓球比赛局数多,持续时间长,而且越到比赛后期,双方的竞争也越激烈。随着比赛紧张、激烈程度的增加,神经系统能量消耗极大,只有克服身体上的极度疲劳、战胜心理上的极度紧张,才能取得最后的胜利。只有这样,才能在比分落后的时候做到不气馁、不慌乱,在比分领先时不骄傲、不轻率,在比分相持时不手软、不犹豫、清醒果断。这种不因一时胜利而得意,不因一时失利而消极,意志力顽强的人,往往适应社会的能力也很强。因此,乒乓球运动对提高人的心理素质和培养顽强拼搏的意志力是极其重要的。在乒乓球比赛中,运动员在智力上和体力上的角逐异常激烈,战术也极为复杂,有时为了争取比赛的胜利,必要的时候要对赛场上可能发生的情况做出预测,分析对方最有可能选择运用的技战术,从而来确定自己的技战术应用。因此,长期参加乒乓球运动,有利于培养良好的心理素质,充分挖掘心理潜能。

5. 有利于青少年预防近视,改善视力

随着我国儿童接受启蒙教育的低龄化和小学阶段学业压力的日益增大,越来越多的儿童患有不同程度的视力问题,令人十分担忧。研究表明,9 岁前是正常儿童视觉发育的敏感期,视力问题具有可逆性,青少年早期从事乒乓球运动可有效地锻炼眼睫状肌,使其调节能力提高,从而可以预防近视和改善视力。

6. 有利于促进人际关系的发展

乒乓球运动本身具有社会性、群体性的特征,它不仅要求个人能力的发挥,而且还要求与集体协调一致、配合默契。只有做到这些,个人才能与集体、教师(教练)、裁判、观众、对手之间形成良好的协调关系。乒乓球运动是增进人与人之间感情的手段之一,既缩短了人与人之间的社会距离,又给参与者提供了一个相互了解、相互沟通的交际平台。另外,在活动中形成的合作、竞争、遵守规则的意识和行为,通常会迁移到日常社会生活、学习和工作中,从而促进人与人的和谐相处和人际关系的和谐发展。

1.3 乒乓球运动技术发展历程

1.3.1 乒乓球技术发展的影响因素

不同时代的主流技术受当时的条件制约,都带有典型的时代特征。乒乓球技术的发展主要受到人们对乒乓球运动规律的认识程度、器材的不断改进、规则的变化等方面的影响。

1. 对乒乓球运动规律的认识程度

每一项运动,都有其独有的项目规律,包括竞技要素和制胜因素。但人们对项目规律的认识不可能一步到位,而是一个逐渐递进的过程。因此乒乓球技术也总是处于不断发展和变革的过程之中。如随着对乒乓球制胜因素"准、快、狠、变、转"的认识过程的加深,乒乓球的技术也由过去的"重防守、轻进攻、重速度、轻旋转"逐渐发展到今天的"快攻结合弧圈、弧圈结合快攻、攻防兼备"。

2. 器材改进

乒乓球运动技术受到运动器材的制约,世界乒坛上历次重大技术变革,无不与运动器材的创新紧密相关。如海绵球拍的出现带来日本长抽技术的盛行,正胶海绵拍催生了中国直拍近台快攻打法,等等。

3. 规则变化

规则的变化对乒乓球技术的发展的影响也至关重要。如球台变宽、球网降低、轮换发球法等鼓励进攻型技术;球体变大和变重则对连续进攻和相持能力,尤其是中远台的对攻对拉技术提出了更高的要求。

1.3.2 乒乓球技术发展的阶段划分

乒乓球运动发展的阶段划分是从三个方面进行的。一是从技术层面上来认识,以取得优异成绩的技术类型打法为标志;二是以器材的变化为标志;三是以规则的变化为标志。

1. 削球打法主导时期(1926—1951 年)

削球打法的下旋削球技术,是欧洲运动员在乒乓球运动发展史上的重要技术创新。所谓削球打法主导时期,是以削球运动员在这 25 年间所取得的比赛成绩为标准判定的,在这 25 年间,共产生了 117 枚世乒赛金牌,其中欧洲削球打法运动员就获得了 109 枚。

造成这一客观事实的原因,除了削球技术发展得比较完善外,还有削球技术类型打法的竞技优势,得益于1902年英国人库特发明的胶皮拍和当时比赛用球比较软,而竞赛规则也比较适合削球打法。这一时期削球打法的代表国家是匈牙利。

2. 中远台单面长抽打法主导时期(1952—1959年)

中远台单面长抽打法,是日本在乒乓球运动发展史上的重要贡献。中远台单面长抽打法主导时期的判定依据,同样是该种打法在比赛中的成绩。1952—1959年,国际乒乓球联合会总共举办了7届世界乒乓球锦标赛。日本运动员取得了49枚金牌中的24枚,其中在1959年第25届比赛中获得6枚金牌,可以说这是日本乒乓球中远台长抽打法最辉煌的时期。造成这一客观事实的原因,除了日本运动员的勤奋努力外,还有中远台单面长抽打法的竞技优势,也获得了来自器材变革方面的有力支持。中远台单面长抽打法的崛起,首先得益于1951年奥地利人发明的海绵拍。海绵拍与胶皮拍比较,提高了进攻的速度和力量,这为克制用胶皮拍擅长制造的下旋削球打法提供了器材上的有力支持。1957年,日本人发明的正胶、反胶海绵拍,进一步提高了长抽进攻技术水平。对海绵拍、海绵胶皮拍进攻速度和性能的充分利用以及中远台单面长抽技术的出现,使乒乓球运动进入一个讲究进攻速度及力量的时代。而轮换发球法的使用、球台变宽、球网降低、球体变硬等规则修改对这一技术的发展也起到了促进作用。

3. 近台快攻打法主导时期(1960—1969年)

近台快攻打法,是中国在乒乓球运动发展史上的一项重要技术创新。中国近台快攻打法的产生,是我国乒乓球前辈们对乒乓球规律不断总结并运用到实践中去的结果。对乒乓球制胜因素"快"和竞技要素"速度"的认识是近台快攻打法产生的理论基础,并一直影响着乒乓球技术发展的方向。正胶海绵拍的出现奠定了近台快攻打法的物质基础。在1960—1969年期间,国际乒联举行了5届世乒赛,中国只参加了3届,但夺得了21块金牌中的11块,尤其是在第28届比赛中,获得了7块金牌中的5块。

4. 弧圈球进攻打法兴起和新近台快攻打法创新时期(1970—1987年)

第31届世界乒乓球锦标赛中,19岁的瑞典运动员本格森一举夺得男单冠军,他在技术上把弧圈球技术和近台快攻打法进行了比较好的结合,形成了弧圈球结合快攻的打法,并显示出打法上的优势。在接下来的第32届、第33届世乒赛上,欧洲一些采用弧圈结合快攻打法的运动员取得了优异的成绩。1979年,第35届世界乒乓球锦标赛中,匈牙利运动员夺得了男子团体冠军。这些成绩标志着欧洲运动员采用弧圈球进攻打法,在技战术方面已经可以和中国的近台快攻打法相互抗衡。

在此阶段,中国近台快攻打法在保持原有技术特点的基础上,又有新的发展,形成了新近台快攻打法。新近台快攻打法是指针对弧圈球技术,形成的一种具有新的近台快攻技术内容的打法。新近台快攻打法有两个发展方向:一是在传统正胶球拍近台快攻打法的基础上,提高处理回击弧圈球技术的能力,采用的主要新技术有盖打、反带、推挤弧圈球技术;在处理下旋球方面,正手进攻技术要求既可打低球突击,也能用正胶拉小高吊弧圈球。二是在逐步认识弧圈球技术先进性的基础上,开始对传统正胶海绵拍的近台快攻打法进行合理改造,即采用反胶海绵拍,学习弧圈球进攻技术,把正手的拉和打与反手推挡结合起来,形成和完善了直拍用反胶海绵拍打近台快攻的打法。这一打法也取得了很好的成绩。至此,传统意义上的近台快攻打法,随着世界乒乓球技术的发展,其内涵已经发生了新的变化。这段时期内,人们对乒乓球制胜因素"转"有了进一步的认识,以往忽

视了上旋的"转",其实上旋的"转"同样具有威胁性。在球拍底板材料的选择方面,出现了碳素纤维。它在提高击球力量和速度的同时,还能保证击球的稳定性。乒乓球器材厂家能够设计出符合不同打法需求的底板和胶皮,确保各种技术能够淋漓尽致地发挥其特点。当时弧圈球进攻打法的代表国家是瑞典和匈牙利,新近台快攻打法的代表国家是中国。

5. 弧圈球进攻打法主导时期(1988年—)

弧圈球进攻打法包括横拍两面弧圈球进攻打法、直拍单面弧圈球进攻打法、直拍横打弧圈球进攻打法。1988年第24届奥运会乒乓球比赛中,中国优秀的直拍正胶近台快攻运动员江加良和陈龙灿,在单打比赛中先后失利;瑞典在第40、41和42届世界乒乓球锦标赛中,连续获得三届团体冠军和第40、41届男单冠军,而且世界乒乓球锦标赛和奥运会的单打冠军,都是采用弧圈球进攻打法的运动员。从此之后,弧圈球进攻打法无疑成为了这个时期的统治性打法,世界重大赛事中弧圈球打法盛行并取得压倒性优势,其他打法屈指可数。但大多数国家在发展弧圈球打法的过程,依然还保留自己国家原有的基本特点,如欧洲的弧圈结合快攻、亚洲的快攻结合弧圈。

弧圈球进攻打法占据主导地位,与器材的发展和规则的改变是分不开的。为了提高球拍的弹性和稳定性,20世纪90年代,日本蝴蝶公司在推出碳素纤维材料后,又推出含有芳基纤维材料、芳基纤维/碳素纤维混织的底板。芳基纤维材料具有高弹减震和超轻重量的特性,使球拍在进攻和控制上获得了比较好的平衡,它与碳素纤维结合,突出了在一定控制性能上的进攻力量的发挥。在胶皮方面,729系列胶皮为解决弧圈球进攻打法的技术难题,通过胶皮粒子结构的重新排序,使得胶皮也有软硬之分,可以胶皮的不同硬度来控制击球瞬间的吃球深度和弹性。如729-40H反胶胶皮的硬度高一些,适合前冲弧圈球;729-40S胶皮则软一些,更易于控制球,适合反手拉弧圈球。这一时期,乒乓球竞赛规则有了一些重大的变化,这种变化对乒乓球打法发展产生了直接影响。如1992—1993年,规则规定:球拍两面颜色必须一面为鲜红色,一面为黑色。这一规定,就使得使用两面不同性能球拍进行倒板的打法,在技术发展上受到了限制,为弧圈球进攻打法减少了技术发展上的一个障碍。1998年,国际乒乓球联合会通过了德国乒乓球协会关于"把球拍覆盖物正胶的几何图形中关于正胶胶粒的粒高和胶粒顶直径之比,从1∶3改为1∶1.1"的提案,1999年6月底开始实施。2000年,国际乒乓球联合会规则规定比赛用球由原来的直径38毫米改为直径40毫米。所有这些改变,都有利于弧圈球进攻打法在力量上优势的发挥,使得弧圈球打法中以力量为主的运动员的技术得以充分发挥。在弧圈球进攻主导时期,由于乒乓球技术的不断完善和器材技术水平的提高,乒乓球进入速度和旋转融合在一起的时代,即人们不再分开来看速度问题和旋转问题,从技术角度讲,速度和旋转呈现出一体化的趋向。

1.4 新中国成立以来我国乒乓球运动的辉煌成就

1904年,上海四马路一家文具店的老板从日本购买了一批乒乓球器材,为了推销这些器材,他把在日本看到和学到的有关乒乓球运动的知识向市民进行了介绍和表演,从此乒乓球运动开始进入中国。但在乒乓球进入中国之初,只有极少政界、商界名流以及外国在华人员才有机会参与这项运动。1918年左右,乒乓球运动开始活跃于上海、广州、江苏及浙江地区的学校之中,出现民众参与、学校活动与地区赛事并行局面,逐渐形成比较稳定的赛事体系。1948年,乒乓球成为全国运动会(简称全运会)的正式比赛项目,标志着乒乓球运动得到了全国最大、综合性最强赛事的接纳。新中国成立之前,我国乒乓球运动开展区域化特征明显,主要活跃于上海、广州、天津等几个沿海城市,以这些城市为中心,形成部分联动区域。发展相对滞后,大众关注度低,参与率低,乒乓球竞技水平和裁判水平也极低,也很少参与国际交流,这些因素在一定程度上限制了乒乓球运动在全国普及的广度与深度,但此时乒乓球运动的发展也为新中国乒乓球运动的辉煌奠定了一部分人才基础。

1.4.1 新中国成立后群众乒乓球运动发展取得的辉煌成就

1949年10月1日,中华人民共和国成立了。新中国初建之时,民生凋敝,百废待兴,面临国外敌对势力的威胁,新政权急需大批强有力的国家建设者和保卫者。1952年,毛泽东为中华全国体育总会题词:"发展体育运动,增强人民体质。"之后乒乓球运动在全国范围内开始初具规模。1955—1956年,北京相继举办了全国大中城市乒乓球联赛、12城市工人乒乓球锦标赛。参赛城市运动员和市民的乒乓球热情得以激发,尤以上海市最为高涨。1958年,原国家体委发出"人人打乒乓球、争取世界冠军"的号召,为乒乓球运动带来了大量的参与者。1959年,全民乒乓球热情在容国团获得世界冠军的刺激下猛然高涨,多地群众积极参与乒乓球活动,一时出现了5000万人挥拍上阵的场景。随着共青团中央《关于在青少年中广泛组织乒乓球竞赛活动的通知》的颁发,从1959年冬至1960秋,全国参与该活动的青少年数量随之急剧增加。继1959年容国团获得世乒赛冠军后,在1961、1963、1965年的第26、27、28届世乒赛上,中国队又相继获得多个冠军。这些冠军的获得在很大程度上持续刺激着群众参与乒乓球运动的热情,带来了乒乓球人口的急剧增加。世界大赛冠军的涌现以及乒乓球运动参与者数量的急剧增加,最终促成了"国球"的产生。

1967—1977年,受形式主义的影响,与其他项目一样,乒乓球活动受到严重冲击,群体活动迅速冷却,乒乓球活动不可避免受到波及。作为"重灾区"的教育战线,乒乓球台在学校中几乎成为摆设。由于农业生产的重要性,农村体育活动受到的冲击反倒较小。因此,在1968年,部分农村出现了零星的乒乓球运动。这一时期的"知青下乡"客观上推动了农村乒乓球活动的开展。知青很多来自上海、北京等乒乓球运动开展较好的城市,在下放之前,很多知青已具备一定的乒乓球技术基础。知青们自己活动的同时也激发了当地群众的乒乓球运动兴趣,部分技术骨干在下放地区组织乒乓球比赛,促进了当地乒乓球运动的推广和普及。1971年,政治局势已经相对稳定,适逢"乒乓外交"成功打破当时的政治壁垒,创造了"小球转动大球"(了解相关知识可参考 https://mp.weixin.qq.com/s/_3Fc5pps3R9pQcSZ-Tv7ag)的一段佳话,群众体育活动在此背景下也开始有所恢复。特别是受影响相对较小的省市,乒乓球活动得到了较好的开展,如黑龙江哈尔滨市、吉林长春市、湖南长沙市等。部分中小学开始了有组织、有系统的各级乒乓球比赛。

1978年改革开放后至2004年,社会处于转型时期,由于乒乓球政治意义的丧失、价值取向上的"集体主义"向"金牌主义"转化、媒体宣传的多元化、大众体育政策的转变、体育项目选择多元化等原因,我国群众乒乓球运动在我们的休闲娱乐、教学健身等体育活动中的占比开始出现萎缩现象,乒乓球活动在群众体育发展中的比重越来越低,乒乓球

比赛的上座率和收视率屡创新低。这一时期群众乒乓球运动的开展呈现回落之势。

2004年,面对群众乒乓球运动萎缩的现状,在国际乒联、中国乒乓球协会(简称中国乒协)的支持下,湖南卫视推出了集商业性、观赏性、娱乐性为一体的《国球大典》,在努力打造高水平比赛的同时,他们将娱乐节目中的炒作手段嫁接到比赛中,为观众献上一场视觉盛宴。在轰轰烈烈的6年中,《国球大典》取得了巨大的成功,一时间,乒乓球运动又开始成为群众锻炼受欢迎的项目,人们对乒乓球运动的关注度明显提高,更加令人高兴的是,乒乓球运动重新成为广大青少年喜欢的运动项目,开设乒乓球课程的各级各类学校也显著增加,为新时期中国群众乒乓球运动做出了贡献。中国乒乓球协会在2000年推出会员制的基础上,2007年正式推出中国乒乓球协会会员联赛,让全国各地的业余乒乓球爱好者有了一个全国性的展示自我实力的平台,这无疑对群众乒乓球运动的开展起到了进一步推动促进作用。2008年北京奥运会的成功举办以及中国乒乓球队获得的优异成绩,加上国家对全民健身运动的日益重视,使中国群众乒乓球运动的发展逐渐走向顶峰。时至今日,我国乒乓球爱好者早已过亿,业余乒乓球俱乐部和球馆在全国大中小城市甚至乡镇随处可见,各级各类群众性乒乓球比赛接连不断,乒乓球也成为大中小学课程体系中必不可少的重要组成部分,2017年第十三届全国运动会上,群众乒乓球项目还成为全运会正式比赛项目。

1.4.2 新中国成立后竞技乒乓球运动发展取得的辉煌成就

1949年10月1日,中华人民共和国成立了。党和政府对体育工作的重视,为中国乒乓球运动的发展创造了条件。1952年10月,在北京举行了新中国的第一次全国乒乓球比赛大会,来自6个行政区和铁路系统的62名男女运动员参加了比赛。首任国际乒联主席蒙塔古先生应邀来京访问,并对全体运动员发表了热情友好的讲话,预言中国队将会以世界强队的姿态出现在世界乒坛。同年,中华全国体育总会乒乓球部加入了国际乒联。1953年开始,中国乒乓球队正式进入世界乒坛,参加了在罗马尼亚举行的第20届世乒赛。1956年起,中国定期每年举行一次全国比赛。从此,作为我国竞技体育的重要项目,乒乓球运动在我国经历了起步、腾飞、拼搏几个阶段后,目前已雄踞世界之巅。

1. 起步阶段(1953—1957年)

1953年,中国队第一次参加了世乒赛。结果,男队被评为一级第十名,女队被评为二级第三名。中国乒乓球队虽然当时的技术水平不高,但是他们并没有盲目地跟在外国人后面跑,而是以中国选手的习惯和特点为基础,认真研究乒乓球运动的客观规律,注意吸收外国队的长处,不断提高丰富自己。接下来的1956年和1957年,中国队相继参加了第23、24届世乒赛。成绩提高很快。第24届世乒赛上,男、女队都取得了决赛权。赛后,男队被评为一级第四名,女队被评为一级第三名。1953—1957年短短的4年时间里,中国乒乓球队的进步是很大的。

2. 腾飞阶段(1959—1965年)

1959年,容国团以"人生能有几回搏"的英雄气概,在第25届世乒赛中为祖国夺得了第一个世界冠军,同时中国乒乓球队在男团、女团、女单、混双等几个项目上都获得了第三名,男子单打有四人进入前八名。毛泽东、周恩来等领导人对中国乒乓球队给予了高度的评价。

1961年4月,我国在北京成功举办了第26届世乒赛,这是新中国第一次承办世大赛,得到了全国上下的格外重视。第26届世乒赛不但举办得圆满成功,而且中国队也取得了骄人的成绩,获得了男团、男单、女单三个冠军,四个亚军,以及女团、男单、女双和混双四个亚军,八个第三名。这一胜利,极大地鼓舞了全国人民,也极大地推动了我国乒乓球运动的发展,在国内掀起了"乒乓球热"。当时中国的直拍近台快攻成为世界上最先进的打法,代表了当时世界乒乓球技术的新潮流。

在接下来的1963年第27届世乒赛上,中国队再接再厉,依然取得了三个冠军、两个亚军的不俗成绩,中国男队显示出了比上一届更大的优势。但是,女队却全线沦陷,凡是有女运动员参加的项目,都没有拿到冠军。为了帮助女队丢掉思想包袱、轻装前进,徐寅生同志运用辩证法观点给全体队员讲述了自己打球的体会。毛泽东主席看到这篇讲话后,亲自作了重要批示:"全文充满了辩证唯物论,处处反对唯心主义和任何一种形而上学。"女队认真学习了毛泽东的批示和徐寅生的讲话,思想上的提高带动了技术上的进步,在第28届世乒赛上打了一个漂亮的翻身仗,共获五项冠军、四项亚军和七项第三名,在世界引起了震动。国际舆论普遍认为,中国是"世界头号乒乓球国家"。许多外国朋友把乒乓球称为中国的"国球"。这段时间,是我国乒乓球运动的第一次高峰时期,无论是直拍近台快攻,还是防守型削球打法,都取得了好成绩。各种类型打法百花齐放,互相促进。

3. 拼搏阶段(1971—1987年)

"文化大革命"使中国乒乓球队蒙受了巨大损失,不仅全国比赛停止了,还失去了参加第29和第30届世乒赛的机会,与国际乒坛中断往来达四年多的时间。在周恩来总理的关怀下,1970年年底,中国队参加了在瑞典举行的斯堪的纳维亚公开赛,受到了欧洲选手强有力的挑战。欧洲选手在打法和技术上有了飞跃的进步,他们成功地创造了弧圈结合快攻的新打法。面对欧洲选手的进步,20世纪70年代初期,我国乒乓球界展开了一场学术性的讨论,确立了"快、准、狠、变、转"的指导思想并将其运用到训练和比赛中去,随后在连续的几届世乒赛中都取得了骄人的成绩,尤其是在1981年第36届世乒赛上,创造了世乒赛史上由一个国家(协会)取得全部7项冠军的纪录。在接下来的两届世乒赛中,中国队每次均获6项冠军。尽管每个冠军都得来不易,但中国队在世界乒坛上的地位已显而易见。此一时段,堪称中国乒乓球运动的第二次高峰时期。

4. 长盛阶段(1988—至今)

1988年汉城奥运会上,乒乓球正式成为奥运会项目,从此中国乒乓球健儿一次一次让五星红旗高高飘扬在奥运赛场。在汉城奥运会上,中国乒乓球队取得了全部4枚金牌中的2枚;在1992年的第25届奥运会上,取得了全部4枚金牌中的3枚;从第26届奥运会开始,中国乒乓球队包揽全部金牌成为常态(见表1-1)。同时,在世界乒乓球锦标赛上,也是大包大揽(见表1-2),中国竞技乒乓球走上了长盛不衰之路,形成了世界打中国、中国打世界的新格局。

表1-1 1988年以来历届奥运会我国乒乓球队获得的金牌数

年份	奥运会届次	举办地点	乒乓球项目金牌设置总数	中国获得金牌总数
1988	第24届	汉城	4	2
1992	第25届	巴塞罗那	4	3
1996	第26届	亚特兰大	4	4
2000	第27届	悉尼	4	4

续表

年份	奥运会届次	举办地点	乒乓球项目金牌设置总数	中国获得金牌总数
2004	第 28 届	雅典	4	3
2008	第 29 届	北京	4	4
2012	第 30 届	伦敦	4	4
2016	第 31 届	里约热内卢	4	4
2021	第 32 届	东京	5	4

表 1-2　1988 年以来历届世乒赛我国乒乓球队获得的金牌数

世乒赛届次	金牌设置总数	中国获得金牌总数
第 40 届	7	3
第 41 届	7	3
第 42 届	7	4
第 43 届	7	7
第 44 届	7	6
第 45 届	7	6
第 46 届	7	7
第 47 届	7	6
第 48 届	7	7
第 49 届	7	7
第 50 届	7	6
第 51 届	7	7
第 52 届	7	5
第 53 届	7	6.5
第 54 届	7	6
第 55 届	7	5＋?*

* 因新冠肺炎，第 55 届世乒赛团体赛推迟举行。

1.5　重要乒乓球组织及赛事

乒乓球成为一项正式的国际竞技体育项目，是建立在国际乒乓球组织的成立、规则的制定以及国际赛事的开展的基础之上的。目前，世界各地有许多乒乓球组织，分别定期或不定期举办一些重要赛事。

1.5.1　国际组织及重要赛事

1. 国际乒乓球联合会及其重要赛事

国际乒乓球联合会成立于 1926 年，是参加国际乒乓球联合会的各国或地区乒乓球组织（协会）组成的联合体，其成立至今已经历了 80 多个春秋，目前已有 226 个会员国，成为世界五大体育组织之一。

第一次世界大战结束后,欧洲一些国家相继成立了乒乓球协会,各国内部以及国与国之间的竞赛活动逐渐增多,为国际乒乓球组织的建立奠定了基础。1926年1月,柏林国际乒乓球邀请赛期间,在德国人勒赫曼的倡议下,他和英国的伊沃·蒙塔古、乔治·罗斯、波佩,匈牙利人雅可比、密可罗维茨以及几个奥地利人在柏林网球俱乐部召开了一次关于建立乒乓球国际组织的座谈会,会议决定成立临时国际乒联,并委托英国乒协举办第一届欧洲乒乓球锦标赛。同年12月,在英国伦敦举行的第一届欧洲乒乓球锦标赛期间,举行了第一次全体会议,会议通过了国际乒联章程,讨论和通过了乒乓球竞赛规则草案,推选英国乒协负责人伊沃·蒙塔古为国际乒联第一任主席。国际乒联现任主席为德国人维克特。国际乒联所属重要赛事如下。

1) 世界乒乓球锦标赛(简称世乒赛)

世界乒乓球锦标赛是国际乒乓球联合会主办的一项最高水准的世界乒乓球大赛。1926年12月,在国际乒联正式成立的同时,第一届世界乒乓球锦标赛在英国伦敦举行。1928年举行的第二届世乒赛增设了女子双打比赛,1933年举行的第八届世乒赛又增设了女子团体比赛。1928年至1939年、1947年至1957年,世乒赛每年举行一次。从1959年的第25届开始改为每两年举行一次。从第47届(2003/2004年)世乒赛以后,正式改为单数年进行单项比赛,双数年进行团体比赛(但合并计算为一届比赛)。目前已经成功举办了54届,2019年举办了第55届世乒赛单项比赛,因为新冠肺炎的原因,2020年的团体比赛被取消。目前,世界乒乓球锦标赛共有7个比赛项目:男子团体、女子团体、男子单打、女子单打、男子双打、女子双打、混合双打。每项都设有专门的奖杯。①男子团体:斯韦思林杯;②女子团体:考比伦杯;③男子单打:圣·勃莱德杯;④女子单打:吉·盖斯特杯;⑤男子双打:伊朗杯;⑥女子双打:波普杯;⑦混合双打:兹·赫杜塞克杯。

2) 奥运会乒乓球比赛

奥运会乒乓球比赛为乒乓球国际比赛的主要赛事。1981年在第84届国际奥委会全体委员会上,乒乓球被列为1988年奥运会正式项目,设男子单打、女子单打、男子双打、女子双打共4个项目。2008年北京奥运会上,把男子双打、女子双打替换为男子团体、女子团体,但团体中不再是5盘单打,而是1盘双打、4盘单打。2020年东京奥运会上(因新冠肺炎推迟到2021年举行),增设了混合双打项目,项目总数由4项增加到5项。

3) 乒乓球世界杯

乒乓球世界杯与奥运会乒乓球比赛、世界乒乓球锦标赛同为世界乒乓球三大重要赛事之一,其创办于1980年,当时仅设男子单打一个项目。1990年开始,又创办了团体世界杯,有男子团体和女子团体两项。1996年开始,有了女子乒乓球世界杯比赛。目前男子世界杯和女子世界杯每一年或每两年(偶数年)举行一次。团体世界杯每两年(奇数年)举行一次。世界杯比赛只有各个洲的冠军或最优秀的选手才能参加,特点是参赛选手少而精,比赛时间短,水平高,颇受观众喜爱。

4) 国际乒联职业巡回赛总决赛

为了适应市场化和职业化的需要,1996年国际乒联推出了乒乓球职业巡回赛。国际乒联职业巡回赛是国际乒联组织的重要赛事,每年度比赛场次安排有10~15站,分布在各大洲进行,设置男子单打、女子单打、男子双打、女子双打4个项目,主要目的是普及

乒乓球运动,让更多的协会都能够参与国际乒联所组织的赛事之中。与世乒赛不同,职业巡回赛参赛人数相对较少,比赛更加紧凑,是国际乒联的品牌赛事,年末还会根据全年的表现,遴选积分在前16名的选手参加国际乒联职业巡回赛总决赛,进行最终的王者之战。

5) 世界青年奥运会乒乓球比赛

青年奥林匹克运动会(Youth Olympic Games, YOG)简称青年奥运会或青奥会,是一项专为青年人举办的国际赛事,也是青年人全球范围内水平最高的综合体育赛事。其在奥运赛事中的重要性仅次于奥运会的大型国际型赛事。参赛选手年龄限制定为14岁至18岁,比赛项目大部分与奥运会的相同,每四年举办一届。世界青年奥运会乒乓球比赛参赛人数为男女各32人,共64人。每个国家奥林匹克委员会可以派出最多2名运动员参赛,男女各1名。作为主办国,被给予了最高参赛人数配额(2人),而剩余4男4女共8个普遍性席位由三大支柱委员会分配。剩余的54个席位通过四项资格赛事来决定,首届比赛于2010年在新加坡举办。

6) 世界青少年乒乓球锦标赛

世界青少年乒乓球锦标赛是国际乒联旗下另一重要的国际性高水平赛事,2003年开始举办,每年一届,比赛共设置男团、男单、男双、女团、女单、女双、混双7个项目。赛事目的是为青少年运动员提供历练的平台,只允许18岁以下青少年运动员参加。世界上很多优秀选手都曾在这一赛事中获得过优异成绩。马龙、樊振东、张本智和、丹羽孝希、陈梦、丁宁、孙颖莎、朱雨玲、王曼昱等世界级优秀选手都曾获得这项赛事的单打冠军。

2. 洲际乒乓球联盟及其重要赛事

为了增进洲内国家和地区人民和运动员之间的友谊,发展洲际乒乓球界和运动员的友好联系,促进各洲乒乓球运动的普及、发展和提高,亚洲、非洲、欧洲、南美洲、北美洲、大洋洲等六个洲都成立了相应的乒乓球联盟。

各个联盟也分别设有洲运动会乒乓球比赛、洲青年运动会乒乓球比赛、洲锦标赛、洲杯赛以及青少年锦标赛。

3. 国际大学生体育联合会及其重要赛事

国际大学生体育联合会,原名国际大学生联盟(FIE),创建于1919年。它是独立的综合性国际体育组织,同国际奥委会及其他国际体育组织无从属关系,其各项比赛采用国际单项体育组织的比赛规则,非会员国也可参加其比赛。

1949年9月,国际大学生体育联合会宣告正式成立,现有协会会员174个。乒乓球在2005年伊兹密尔举办的第23届世界大学生运动会上被列为正式比赛项目,国际大学生体育联合会除了举办两年一届的大学生运动会乒乓球比赛外,还每两年组织一次世界大学生乒乓球锦标赛。

1.5.2 中国乒乓球组织及重要赛事

1. 中国乒乓球协会及其所属赛事

中国乒乓球协会简称中国乒协,成立于1955年,是由全国各省级行政单位乒乓球协会及其他全国性行业乒乓球协会(组织)自愿结成的全国性、行业性、非营利性社会组织,是具有独立法人资格的社会团体。其作为中华全国体育总会和中国奥林匹克委员会的会员,是代表中国参加相应的国际乒乓球活动及国际乒乓球联合会的唯一合法组织。中国乒乓球协会既负责我国竞技乒乓球运动的开展,同时还负责全民健身乒乓球运动的普及和推广。中国乒协所属重要赛事主要如下。

1) 全国运动会乒乓球比赛

1959 年,第一届中华人民共和国全国运动会(简称全运会)在北京举办,设置的比赛项目除武术外基本与奥运会相同,其原意是为国家的奥运战略锻炼新人、选拔人才。全运会每 4 年举办一次,一般在奥运会年前后举行。乒乓球作为正式比赛项目,一共设置 7 个小项。全运会是中国国内水平最高、规模最大的综合性运动会,由于中国乒乓球运动水平普遍较高,因此某种程度上来说乒乓球项目的比赛甚至比奥运会、世锦赛的水平还高,拿全运会乒乓球单打冠军比拿奥运单打冠军更难。从第 13 届天津全运会开始,还增设了乒乓球等 19 个项目的群众组比赛,一些专业队甚至在赛前给报名参赛的大众选手提供专业训练的机会,充分体现了"全运惠民 健康中国"国家战略。

2) 全国乒乓球锦标赛

全国乒乓球锦标赛原来由国家体育总局乒乓球羽毛球中心主办,每年举行一次,是我国历史最悠久、规模最大、竞技水平最高且最具影响力的乒乓球正规传统赛事,现在由中国乒乓球协会主办。全国乒乓球锦标赛素有"小世锦赛"之称。以省市或行业协会为单位报名,目前共设男子团体、女子团体、男子单打、女子单打、男子双打、女子双打及混合双打共 7 个比赛项目。

3) 全国青年运动会乒乓球比赛

全国青年运动会(简称青运会)是由国家体育总局主办的全国综合性体育运动会。青运会每 4 年举办一届,其前身是创办于 1988 年的中华人民共和国城市运动会,2013 年 11 月 21 日正式更名为中华人民共和国青年运动会,成为中国奥运战略的重要组成部分。乒乓球项目一直是比赛中的重要项目,根据相关文件,从 2023 年开始,全国青年运动会将和全国学生运动会合并为全国学生(青年)运动会。

4) 全国乒乓球青年锦标赛

全国乒乓球青年锦标赛也是由中国乒乓球协会主办的面向青年运动员的重要赛事,每年举行一次,设项和全国锦标赛一致。

5) 全国少年乒乓球锦标赛

全国少年乒乓球锦标赛是中国乒协举办的面向 10—15 岁少年乒乓球运动员的全国性赛事,每年举办一次,设男团、男单、女团、女单、混双 5 个项目。除了各省市代表队和行业代表队外,为深入贯彻体教融合政策,目前中国中学生体协可选派男、女各 4 支中学生代表队参赛。

6) 全国少儿乒乓球锦标赛

全国少儿乒乓球锦标赛是中国乒协举办的面向少儿乒乓球运动员的全国性赛事,每年举办一次,不限运动员最小年龄,设男团、男单、女团、女单 4 个项目。所有具有中国籍的少年儿童均可报名参赛。各省、自治区、直辖市优秀运动队,各级各类体校,全日制学校,社会俱乐部均可组队报名参加团体比赛;参加团体比赛的选手均可参加单打比赛;无参赛单位的运动员可只报名参加单打比赛。

7) 国青国少选拔赛

国青国少选拔赛是中国乒乓球协会为了进一步加强乒乓球后备人才梯队建设,提高我国青少年儿童乒乓球项目运动竞技水平，搭建更优质的训练和赛事平台，帮助青少年儿童运动员展现自己、实现乒乓梦想而从2000年开始举办的另一全国性赛事。通过这项赛事，选拔优秀运动员组建国家乒乓球青少集训队。这项赛事分为7—8岁、9—10岁、11—12岁、13—14岁组，只设置男女单打项目。先由各省市自治区举办第一阶段的选拔赛，前三名有资格参加第二阶段的全国选拔赛，最后各组别的前16名进入全国集训队。

8）其他相关赛事

除了以上重要赛事，中国乒乓球协会还举办了一系列其他赛事，如面向职业球员举办的中国乒乓球职业俱乐部超级联赛、中国乒乓球职业俱乐部甲A联赛、中国乒乓球职业俱乐部甲B联赛、中国乒乓球职业俱乐部甲C联赛、中国乒乓球职业俱乐部甲D联赛，面向青少年举行的新星杯、向阳杯、开拓杯、四环杯、幼苗杯、娃娃杯、创新杯、奥星杯等八大杯赛，面向广大乒乓球爱好者举办的中国乒乓球协会会员联赛（含分站赛、总决赛）、全国业余乒乓球锦标赛、全国乒乓球"业余球王"赛（含各省市自治区选拔赛、全国总决赛）。

2. 中国大学生乒乓球协会及其所属赛事

中国大学生乒乓球协会成立于1973年，是教育部主管的全国高等学校普及与提高乒乓球运动的群众性体育组织，是经国家民政部审核批准具有法人资格的国家级体育社团，是组织全国规模中学生体育赛事的唯一合法机构。它隶属于中国大学生体育协会，是中华全国体育总会、亚洲中学生体育联合会以及世界中学生体育联合会的会员单位。

由中国大学生乒乓球协会举办的重要赛事主要有全国大学生乒乓球锦标赛、全国"校长杯"乒乓球比赛、全国"教授杯"乒乓球比赛等。

1.6 思 考 题

1. 乒乓球运动起源并在世界范围内广泛传播的原因有哪些？
2. 世界乒乓球技术发展经历了哪几个阶段？每个阶段主导打法的典型代表有哪些运动员？（可查阅其他资料。）
3. 目前我国面向中小学生年龄阶段的乒乓球重要比赛有哪些？

本章参考文献

[1] 苏丕仁.乒乓球运动教程[M].北京:高等教育出版社,2003.

[2] 国家体育总局《乒乓长盛考》研究课题组.星光灿烂40年（乒乓文萃选）[M].北京:人民体育出版社,2002.

[3] 国家体育总局《乒乓长盛考》研究课题组.乒乓长盛的训练学探索[M].北京:北京体育大学出版社,2002.

[4] 唐建军,等.乒乓球运动教程[M].北京:北京体育大学出版社,2019.

[5] 唐东阳,易东燕,焦春,等.现代乒乓球运动理论与实践[M].北京:中国时代经济出版社,2013.

[6] 何敬堂,张宏杰.乒乓球运动在近代中国发展的历程及特征分析[J].成都体育学院

学报,2019,45(3):37-42.
[7] 何敬堂,张宏杰.建国后 30 年乒乓球运动发展历程及功能价值分析[J].西安体育学院学报,2019,36(4):441-447.
[8] 孙春特.社会变迁下中国乒乓球运动发展的研究[D].长沙:湖南师范大学,2014.
[9] 李荣芝,余锦程.突破、推进与辉煌:1949—1978 年中国乒乓球运动的锐变[J].成都体育学院学报,2022,48(1):39-44.
[10] 李荣芝,张娣,余锦程,等.中国乒乓球的使命追溯与新时代责任[J].体育科学,2021,41(11):69-79.

第 2 章

乒乓球运动基础理论知识

乒乓球课程虽然是一项身体实践课程,但要想成为一名优秀的乒乓球老师,不仅需要具备较高的技战术水平,能为学生做标准的动作示范,还需要掌握扎实的乒乓球理论知识,应学会运用理论知识武装头脑、指导实践、推动教学工作。本章分为两部分,第一部分主要介绍影响乒乓球运动制胜的五大技术要素——击球速度、击球力量、击球旋转、击球弧线、击球落点,并从定义、作用、方法等方面具体阐释五大技术要素。第二部分主要介绍乒乓球常用术语,包括站位、击球时间、击球部位、触拍部位、拍面角度、拍面方向、击球路线、击球点、用力方向、用力方法等。本章旨在通过知识学习,让学生从原理上知道应该怎样打乒乓球、为什么要这样打乒乓球、如何把乒乓球打得更好,为今后乒乓球教学打下理论基础。

2.1 乒乓球技术要素

根据乒乓球比赛规则,对方发球或还击后,本方运动员必须击球,使球直接触及对方台区,或触及球网装置后再触及对方台区。要想得分,不仅需要保证击球的稳定性,使球合法地落在对方台区;还需增加击球的威胁性,迫使对方失误增加。两者之间相辅相成,不能孤立对立。如果只强调稳定性,回球威慑力不足,容易送给对方得分机会,稳定性就失去了意义;相反,如果仅追求威胁性,自己失误增多,威胁性又何从谈起呢?因此,需要在保持和追求击球稳定性的前提下,增强击球的威胁性;在维持击球高威胁性的带动下,进一步提高击球的准确性。其中,速度、力量、旋转、落点和弧线是影响击球稳定性和威胁性的主要因素。欲提高稳定性,需增强击球时弧线的合理性;欲提高威胁性,需较好地协同速度、力量、旋转、落点和弧线五要素之间的关系。

2.1.1 击球速度

1. 定义

速度是乒乓球运动中的核心要素,击球速度包含了击球者的反应速度、脚步移动速度、挥拍速度、球的运行速度等。

2. 提高击球速度的意义

乒乓球是一项复杂的开放性运动,回击球的过程中需要根据对方来球进行快速的判断、决策并执行,大致包含四个时期:感觉期、思考期(将感觉到的信息加以区别与分类)、选择期(选择最佳应对动作)及运动期。击球者要在短时间内根据对方的击球动作和球的运行轨迹来判断球的特点,包括速度、力量、落点、旋转和弧线。球速越快,留给对手判断、准备、移动、动作还原的时间越少,迫使对手出现失误的概率提高;相反,则会增加自身回球压力。

3. 提高击球速度的方法

欲提高击球速度,应做到以下几点:①站位靠近球台;②在上升期击球;③降低动作幅度:击球前,减小引拍幅度;击球时,加快挥拍速度;击球后,迅速制动和还原;④增大向前发力,以降低球在空中飞行弧线的高度,从而缩短对手准备击球的时间,增强威胁性;⑤加快挥拍动作,增强球拍触球的瞬间速度;⑥缩短反应时间;⑦增强步法灵活性。

2.1.2 击球力量

1. 定义

力是力学中的基本概念之一,是使物体获得加速度或形变的外因。力量与速度是两相互影响的因素,击球力量越大,球在空中向前飞行的速度就越快。

2. 提高击球力量的意义

首先,击球力量越大,球向前飞行的速度越快;速度越快,留给对手进行判断的时间就越少;当判断时间不足时,对手只能依赖经验进行判断,则必将增大误判的概率。其次,击球力量大,球速快,迫使对手提高移动速度、动作速度,击球难度增大,失误概率也必将随之增大。最后,击球力量大还可能带来更强的旋转,旋转因素又增强了对判断的要求,带来更大的难度。

因此,在现实的比赛中往往可以凭借击球力量大达到直接得分的效果。

3. 增大击球力量的方法

力量是乒乓球运动中的基础,大力量的合法击球,使得球在空中飞行速度快,击球的威胁性和杀伤力加大。欲增加击球力量,应做到以下几点:

(1) 协调发力,增强脚、腿、髋、腰、大臂、小臂、手腕到手指身体部位间的协调配合,并按照正确的部位顺序发力:脚和腿配合躯干带动大臂,大臂带动小臂,小臂带动手腕。动用全身力量击球,避免仅依靠手臂力量击球。

(2) 击球前做好充分的引拍动作,争取适宜的引拍距离。

(3) 发力方向统一,尽可能地朝前,避免力的分散。

(4) 最后瞬间爆发击球,使球拍、球均获得最大的向前速度。

(5) 发力前用力肌肉要尽可能放松。

(6) 选择最佳击球时间和击球点,协助各发力肌肉集中发挥出最大力量。

(7) 用球拍最佳部位触球,通常拍面中部偏拍头区域为最佳触球部位。

(8) 每次击球后,迅速放松手臂,快速还原,调整重心,为下一击做准备。

(9) 选择弹性较好、稍重的底板,海绵稍厚的胶皮。但球拍过重会影响手臂的摆动速度,球拍重量应因人而异。

2.1.3 击球旋转

1. 定义

旋转是指物体围绕一个点或一个轴做圆周运动。

2. 产生旋转的原理

根据物理学中旋转公式,$M=FL$,即旋转力矩等于力乘以力臂。由此可知,击球时,若作用力刚好通过球心,则 $L=0$,无论力 F 有多大,球都不会产生旋转,如图 2-1 所示。

若作用力不通过球心,就会产生与球心有垂直距离的力臂 L,将作用力 F 分解为垂直于拍面的分力(撞击力)和平行于拍面的分力(摩擦力),前者使球平动,后者使球旋转(见图 2-2),两者相互协调统一,一种力过大或过小都难以制造强烈旋转。球旋转的强弱除了与力的大小、力臂的长短有关,还与胶皮的摩擦系数有关。颗粒向内的海绵胶皮的摩擦系数比其他类型胶皮的摩擦系数大,因此它有利于加强球的旋转。

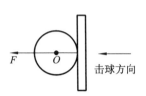 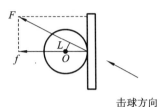

图 2-1　作用力通过球心示意图　　　　图 2-2　作用力不通过球心示意图

3. 乒乓球旋转类型

根据乒乓球旋转时的运行方向,可将旋转轴分为上下轴、左右轴和前后轴。为了增加旋转的多变性,通常球会同时围绕两种轴旋转,如表 2-1 所示。

表 2-1　乒乓球旋转情况

乒乓球旋转	上下轴		左右轴		前后轴	
	左侧旋	右侧旋	上旋	下旋	顺旋	逆旋
飞行情况	向右拐弯	向左拐弯	弧线弯	弧线弯	拐弯	拐弯
	曲度大	曲度大	曲度大	曲度小	不明显	不明显
落台后情况	略向右拐	略向左拐	向前跑	前进弱	右拐	左拐
平击后情况	向左飞	向右飞	向上飞	向下飞	不明显	不明显

4. 增强球旋转的方法

增强球的旋转可以通过以下几种方法实现:

(1) 充分发挥全身各部位肌肉力量,将力量从脚、小腿、膝、大腿、髋、腰、大臂、小臂最终传递到手腕和手指,并将力量集中到球上。发力时尤其要重视发挥手腕和手指的力量。

(2) 加快球拍触球瞬间的挥动速度。

(3) 由于击球时靠近拍柄部位的线速度小于靠近拍头部位的线速度,因此要想旋转更强,需用靠近拍头部位触球。

(4) 适当延长球拍摩擦球的时间,使球在拍面上滚动的时间更长。

(5) 选用摩擦系数大的胶皮,反胶的黏性强于其他类型胶皮的黏性。

5. 应对旋转球的方法

(1) 增强对旋转的认知,建立信心。系统地了解旋转的原理和规律,不仅能增强对球的旋转的判断能力,还能有效帮助消除畏难情绪,树立信心。

(2) 调整正确的球拍角度和方向。应对不同的旋转需要采用合理的方式和方法,拍面角度和方向是影响击球效果的关键。在接发球时需要调整正确的角度和方向:如左侧旋时,拍面偏向对方右侧;右侧旋时,拍面偏向对方左侧;上旋时,拍面前倾;下旋时,拍面稍后仰。

（3）用力大小适当和方向正确。击球瞬间球感受的力量是抵消对方旋转的关键因素，应根据来球旋转适当调整用力大小和用力方向。左侧旋时，用力偏向对方右侧；右侧旋时，用力偏向对方左侧；上旋时，向下用力；下旋时，向上用力。对方来球的旋转越强，则本方用力越大，触球瞬间越能增加球拍摆速。

2.1.4 击球弧线

1. 定义

击球弧线指乒乓球被击出后的飞行轨迹，它由两个部分组成（见图2-3）：第一弧线，球从被球拍击打后至落在对手比赛台面的一段飞行轨迹；第二弧线，球从在对手比赛台面弹起至触碰到其他物体的一段飞行轨迹。

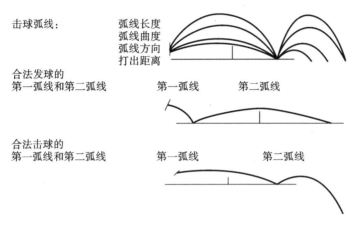

图 2-3 击球弧线示意图

2. 决定弧线的因素

球被击出时的角度、球被击出时的初速度、旋转是影响弧线的关键因素。其中，由击球时的拍面角度和用力方向决定的球被击出时与台面形成的夹角，即球被击出时的角度，在其他条件不变的情况下，在小于或等于45°区间内，角度越大，弧线越高，球被打出的距离越长。若其他条件不变，初速度越快，则弧线越高，球被打出的距离越长。

旋转是影响球弧线的另一个重要因素。不同旋转决定了两条弧线的弯曲度、高度、飞行速度及弹出距离等。例如，左侧旋使球的两条弧线均向右拐；右侧旋使球的两条弧线均向左拐；上旋会增加第一弧线的弯曲度，加快第二弧线的飞行速度，降低第二弧线的高度；下旋则会减小第一弧线弯曲度，缩短第二弧线的弹出距离，增加第二弧线的高度。

3. 制造合适弧线的方法

击球过程中保证合适弧线的意义主要有两点：

（1）保证击球的准确性。击球时需要根据来球的不同特点制造合适的第一弧线。例如，打近网高球时，可降低弧线弯曲度，甚至直接扣杀；还击近网低球时，则要制造弯曲度较大的弧线；还击远台低球时，则要增加弧线高度和打出距离。

（2）增加击球的威胁性。通过降低弧线高度，可增加对手击球的难度。击球时，不同的球拍角度、击球时间、用力方法和方向会制造出不同的击球弧线。主要有四种弧线类型：

①当球拍角度与比赛台面几乎垂直,向上向前发力时,则第一弧线较高,弯曲度大,球速较慢,第二弧线也高。

②当球拍角度稍前倾,向前发力为主时,则第一和第二弧线弯曲度均较低,几乎与比赛台面平行,球速快,向前飞行的距离较长。

③第一弧线是从上往下的直线,球速快,第二弧线弯曲度比前两种低,球落台后迅速向下飞行。

④侧旋转球,第一弧线从上往前下侧方飞行,第二弧线向侧下方飞行。

其中第一种与第二种弧线的威胁性小于后两种弧线的威胁性。

2.1.5 击球落点

1. 定义

击球落点是指球被击出后,落在对方比赛台面的位置。落点位置特指球落在球台的区域位置。例如,近网球指落点在离球网约 40 cm 以内区域的球;底线球指落点在离端线 30 cm 以内区域的球;追身球指落点在对方身体附近的球。

2. 控制落点的意义及方法

通过改变击球落点,能够扩大对手跑动范围,增大对手回击球的难度。控制落点与技战术配合往往能达到事半功倍的效果,尤其是在双打比赛中。

落点的控制则需要根据练习的目的和任务,将比赛台面划分为若干区域,专门练习将球打到规定区域。例如,要求多次练习打某一点,有意识地打大角度等。

2.2 乒乓球常用术语

2.2.1 站位

站位是指击球人与球台端线的距离远近,它仅仅是一个大致的范围,并非固定不变。不同打法有不同的站位,根据来球的具体情况,选择不同站位。站位可大致分为以下五类:

(1) 近台:击球人与球台端线之间的距离在 30 cm 以内。

(2) 中近台:击球人与球台端线之间的距离在 30~50 cm。

(3) 中台:击球人与球台端线之间的距离在 50~70 cm。

(4) 中远台:击球人与球台端线之间的距离在 70~100 cm。

(5) 远台:击球人与球台端线之间的距离在 100 cm 以外。

2.2.2 击球时间

击球时间是指从对方的来球在本方球台的比赛台面上第一次弹起后到球落地或在比赛台面上第二次弹起之前的这段时间。选择在不同时间段击球,会有不同的击球效果。击球时间可大致分以下五类:

(1) 上升前期:球刚刚从比赛台面弹起的一段时间。在这段时间内击球,容易借力,但球比球网低,难度较大。

(2) 上升后期:球从比赛台面弹起后已经上升了一段时间,但球仍处于上升状态。

在这段时间内击球,既好借力,也好发力,但并不适合于初学者。

(3) 高点期:球在上升后到达最高点附近,处于相对静止的一段时间。在这段时间内击球,最稳定,最容易,难度较小,有利于初学者掌握。

(4) 下降前期:球从最高点刚刚开始下落的一段时间。一般在此阶段拉下旋球。

(5) 下降后期:球已经下落了一段时间,仍处于下落状态的一段时间。一般在此阶段削接弧圈球。

2.2.3 击球部位

击球部位是指击球时,球拍接触球的什么部位。把球的表面当成一个钟面,将击球部位大致分为七个点,如图2-4所示。

(1) 上部:球的12~1部位。
(2) 上中部:球的1~2部位。
(3) 中上部:球的2~3部位。
(4) 中部:球的"3点"部位。
(5) 中下部:球的3~4部位。
(6) 下中部:球的4~5部位。
(7) 下部:球的5~6部位。

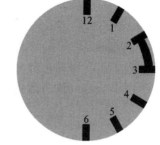

图2-4 击球部位示意图

2.2.4 触拍部位

触拍部位是指击球时,用球拍的什么部位接触球。球拍可分为拍柄、拍面和拍身边缘。拍面又可分为上、下、左、右和中部。

2.2.5 拍面角度

拍面角度是指击球时球拍拍面与球台的比赛台面之间形成的角度。拍面角度大致可分为前倾、稍前倾、垂直、稍后仰和后仰。

2.2.6 拍面方向

拍面方向是指击球时球拍所指的方向。拍面方向可分为:向前、向左、向右。

2.2.7 击球路线

击球路线是指击球后球在比赛台面上方的运行路线。击球路线可分为:左直线、左斜线、中线、右直线、右斜线。

2.2.8 击球点

击球点是指球拍与球接触的那一点在空间所处的位置。可以从以下两个方面来分析:①击球点与击球者的远近,分为前后方向和左右方向上的远近;②击球点的高低位置,以比赛台面为参照物,确定击球点的高低。

2.2.9 用力方向

用力方向是指击球时向哪里用力。由于要将球打过网并落在对方球台,一般情况下的用力方向都包含向前,还有向右、向左、向上和向下。特殊情况下,还有向后。

2.2.10 用力方法

用力方法是指挥拍击球时的发力方法。将挥拍时球拍的速度与来球速度做对比,用力方法可分为以下三种:

(1)发力:当击球者要靠自身用力挥拍击球时,挥拍速度>来球速度。
(2)借力:当击球者依靠球触拍后反弹回去的力击球时,0≤挥拍速度≤来球速度。
(3)减力:当击球者用一个向后"收"的动作击球时,减弱来球的反弹力,挥拍速度<来球速度且球向后缓冲。

从用力方向是否通过球心的角度看,用力方法又可分为以下两种:

(1)撞击:通过球心的发力为撞击,特点是球的速度快。
(2)摩擦:远离球心的发力为摩擦,特点是球的旋转强。

通常情况下,将撞击与摩擦相结合,速度与旋转相结合。但是不同的打法风格,注重的方向不同,快攻以撞击为主,弧圈球以摩擦为主。

2.3 拓展知识

电光火石间"乒乒乓乓"中的撞击动力学!

赛场上的"乒乒乓乓",往复飞跃,主要源于球和拍之间的撞击动力学过程。比赛中,球和球拍的碰撞接触时间仅为千分之一秒,乒乓球飞行速度最高可达每秒47米!电光火石之间,球拍表层的橡胶和海绵会因为球的快速挤压而变形,同时吸收动能储存变形能(当然,球也会变形储能,木板层也会发生微小变形,见图2-5);而当总动能接近零时,形变会达到最大值,海绵和橡胶层形变恢复,变形能快速释放,转化为乒乓球的动能,于是乒乓球"脱板"而飞,抵达对方队员球拍后,又会开始下一次的碰撞与飞跃。如果在击球瞬间,乒乓球的受力方向没有通过球心,切向摩擦力就会使球发生转动。除了球和拍的相对运动姿态外,影响切向摩擦力的主要原因是球与拍的材质和工艺。因此,通过优化技术可以制造出更高级的球和球拍,让击球更具"杀伤力"。

图2-5 球撞击球拍示意图

2.4 思考题

1. 如何加快击球速度？
2. 请说说乒乓球的旋转轴有哪些？请思考当乒乓球围绕不同的旋转轴运动时，球的飞行情况与落台后情况。
3. 请阐述击球时间的定义与分类。
4. 回合中，乒乓球的最快飞行速度是多少？
5. 2021年8月24日，航天员在神舟十二号飞船内打乒乓球。请说说你对此的感受。

本章参考文献

[1] 苏丕仁.现代乒乓球技术的研究[M].北京：人民体育出版社，2003.
[2] 刘建和.乒乓球教学与训练[M].北京：人民体育出版社，2008.
[3] 苏丕仁.乒乓球运动教程[M].北京：高等教育出版社，2003.
[4] 唐建军，等.乒乓球运动教程[M].北京：北京体育大学出版社，2019.
[5] 漆安慎，杜婵英.力学基础[M].北京：高等教育出版社，1982.
[6] 张惠钦.乒乓球的旋转[M].北京：人民体育出版社，1981.
[7] 王欣，杨博文.乒乓球运动双语教程[M].北京：清华大学出版社，2014.

第 3 章
体育课程一体化背景下中小学乒乓球课程教学与设计理论

为了提升学生乒乓球课程教学与设计能力,本章介绍了一体化课程的概念及乒乓球课程在一体化背景下的教学设计理念、教学要求、教学方法及教学文件的制定;重点阐述了中小学乒乓球教学按水平等级安排的教学内容、内容要求、质量要求;详细论述了根据中小学体育与健康球类教材乒乓球内容要求和质量要求,针对水平一到水平五各个阶段乒乓球教学目标分解、教学内容安排、教学重难点确立以及教学策略等,以单元教学计划形式提出总体教学建议,为教学提供指导和参考。依据《体育与健康课程标准》目标要求及中小学体育与健康球类教材乒乓球的质量要求,制定各个阶段体育与健康球类教材乒乓球的学习评价标准。本章比较全面地论述了中小学乒乓球教学在一体化课程背景下的教学实践理论,包括课程设计理论、教学要求与方法、教学内容与质量要求、教学文件的制定、教学策略的实施、教学组织与管理等,旨在通过本章教学,让学生了解课程一体化理论及乒乓球课程在一体化背景下的教学设计理念,能按照中小学乒乓球教学不同等级水平安排教学内容,并熟练掌握各个阶段乒乓球教学目标分解、教学重难点确立以及教学策略等,以单元教学计划形式提出总体教学建议。

3.1 中小学乒乓球运动开展现状

体育运动是中小学教育过程中的重要组成部分,对促进学生身心健康发展,提升学生综合素质具有积极的影响。乒乓球作为我国国球,在我国体育运动项目中占有重要一席。从中小学生现状来看,适当的乒乓球运动不仅可以带给学生愉悦之感,还能从小培养学生的体育精神,并且能够锻炼学生身体,顺应素质教育发展趋势及要求。所以在中小学阶段开展乒乓球运动具有重要的意义。但是从当前部分中小学体育活动开展现状来看,乒乓球运动项目进展情况并不乐观。所以,对乒乓球运动在中小学的开展现状进行分析,探讨影响乒乓球运动广泛开展的主要影响因素及问题,并提出具有针对性的解决对策,具有重要的现实意义。

3.1.1 制约乒乓球运动在中小学开展的主要因素分析

1. 校园乒乓球文化宣传力度不到位

适当的乒乓球文化宣传,在校园范围内形成乒乓球运动学习与开展氛围,对乒乓球运动在中小学校园中的开展具有一定的促进作用。但是从当前中小学乒乓球运动开展现状来看,乒乓球运动相关文化宣传不到位,在中小学生头脑中没有形成对乒乓球运动正确的认知,尤其是部分中小学校长及教育者,为了提高学生文化课成绩,让学生在升学考试中取得理想的成绩,而缩减了乒乓球等体育运动项目的开展时间,有意无意将其转变成数学、语文等文化课授课时间。这种现象在部分农村及偏远地区中小学中较为普遍,严重影响了乒乓球在中小学校园中的正常开展。

2. 学校及教师重视与投入程度有限

中小学学校及教师的重视与投入是促进乒乓球运动在校园内广泛开展,提升学生乒乓球技能水平,促进乒乓球运动项目发展,强化学生综合素质的基础。但是目前大部分中小学教育中,教育工作者对乒乓球的重视程度不够,尤其是在偏远地区的小学中,大部分并不具备乒乓球运动项目相关设备,诸如乒乓球台、乒乓球拍等。这一方面与当地有限的经济收入有关,但是更为重要的原因是学校及师生没有给予乒乓球应有的地位与认识,所以在投入上明显不足。如此缺少基本教育教学基础设施资源的乒乓球课程,不仅难以调动学生的学习兴趣,更难以发挥乒乓球运动在学生身心发展过程中应有的实际作用。

3. 乒乓球专业课程设置与实施情况不佳

从当前部分中小学体育课程开设情况来看,很少有学校安排了系统的乒乓球教学单元的课程学习,即使有很少一部分乒乓球特色学校或者乒乓球传统学校安排了乒乓球课程或者课外训练,但各学段的乒乓球的教学内容及教学目标、教学方法等也不系统、不衔接、不全面,没有形成乒乓球课程一体化工程。这一方面可归咎于学校的师资力量缺乏专业人才,另一方面则是政府教育局等部门的管理计划不充分。这也是当前制约乒乓球运动在中小学广泛开展的重要原因。

3.1.2 促进乒乓球运动在中小学广泛开展的主要对策

1. 加强校园乒乓球文化的建设

中小学在发展过程中应当重视一定程度乒乓球文化氛围建设,只有建立一定的教学氛围及运动氛围,才能带动学生积极地参与乒乓球运动,并进一步加强这一运动的发展。为此,中小学学校及教育相关机构,应该在中小学校园范围内广泛宣传乒乓球运动的重要性,宣传乒乓球运动对学生身心健康发展的主要作用,帮助学生、教师及家长树立正确的学生发展观念,促进学生德智体美劳全面发展,适应新时代发展对中小学生的要求。同时,更为重要的是,体育教师在乒乓球教学过程中应该让学生体验到乒乓球运动的乐趣,不仅掌握其中的技能技巧,还应该理解乒乓球运动及体育运动背后的精神与故事,促进自身全面发展,这样有助于在校园内建立良好的乒乓球文化。

2. 提高对乒乓球的重视及投入力度

只有给予乒乓球运动足够的重视,才能使得乒乓球运动在中小学校园中得到有序的开展。所以各中小学一定要强化对乒乓球的重视,充分认识到乒乓球运动对促进学生身心发展的重要性,将其纳入学校体育教育、素质教育发展内容之中。与此同时,加大对乒乓球运动的投入,与时俱进地引进先进的观念,购置新的乒乓球相关器材,在发挥自身优势的同时引进企业赞助等多种形式,以获得资金来改善学校的乒乓球运动开展资源及环境,从而促进中小学乒乓球教育资源建设。

3. 合理安排乒乓球运动课程

各中小学应该根据学生的兴趣爱好来安排体育课的教学内容,通过开展乒乓球课让更多的学生了解乒乓球,感受乒乓球的魅力。这对于校园乒乓球运动的开展有很大的推动作用。各学段学校及体育教师应该深入研究乒乓球课程一体化工程的相关知识,结合自身特长及学校实际情况,思考怎样在自己所教学段开展乒乓球教学。根据国家《体育与健康课程标准》,教师要搞清楚学生的乒乓球基础,设计每学年的教学内容、教学目标、教学方法、教学评价等问题,实现各要素在纵向衔接、横向一致、内在统一、形式联合等方面的系统目标。并且为了在一定区域范围内形成良好的乒乓球运动文化,促进地域中小学乒乓球运动发展,教育部门及学校应该适当组织乒乓球运动比赛,不仅有利于激发人们对乒乓球运动的热情与喜爱,还能够强化各中小学对乒乓球运动的认识,有效促进乒乓球运动在中小学的广泛开展。

3.1.3 结论

乒乓球运动及其教学是中小学教育发展中的重要组成部分,各学校应该高度重视乒乓球运动对学生身心发展的重要性,从加大投入、强化校园乒乓球文化宣传与建设、合理安排乒乓球运动课程等全方面入手,有力推动中小学乒乓球运动的开展。国家层面上,应该加快乒乓球课程一体化工程设计的指导性文件出台,给下面各学段学校高效开展乒乓球课程提供指导与帮助;各级地方政府、教育科研部门、体卫艺等中间层面,参照国家层面的一体化文件,再根据各区域气候、人文、特色等不同条件,尝试研究出台有地方特色的乒乓球课程一体化工程设计的指导文件,给当地各学段学校开展乒乓球课程提供指导;各学校及体育教师个人层面,深入研究国家层面及地方区域层面的一体化指导文件,再结合本校实际及教师的特点制定适合自己的乒乓球课程教学模式。

3.2 体育课程一体化背景下中小学乒乓球课程教学任务与要求及教学方法

3.2.1 体育课程一体化理论

体育课程一体化指体育课程目标、内容、实施、评价等诸要素在纵向衔接、横向一致、内在统一、形式联合等方面的系统体现。体育课程一体化实施要求遵循以下五点:

1) 教学主体"生本化"

要充分体现以学生的发展为本,促进学生更大发展,包括享受乐趣、增强体质、健全人格、锤炼意志。

2) 教学目标"层次化"

一是建立从课程总目标到分目标、从水平目标到单元与课时目标的层次化目标体系;二是每一个课时都基于学生差异,分层设置目标难度。

3) 教学内容"结构化"

针对各学段水平学生的生理及心理特征,根据乒乓球动作技术的难易程度,分别将其安排到各个学段的教学内容中。从小学水平一到水平三,再到初中的水平四及高中的水平五,乒乓球教学内容安排呈现技术动作难度由低到高的循序渐进的规律。

4) 教学过程实施"多样化"

包括组织形式、学习方式、实践空间等方面。其中组织形式包含自然班级授课制、体育选项走班制和俱乐部制,3种形式可结合学校实际灵活把握;学习方式,突出学、练、赛等多种方式的联合;实践空间,强调课内外、校内外联合,课外与课内的联合重点是强化大课间活动内容与课堂内容的关联,校外体育推行家庭体育作业制度将有助于家校联合,共同促进学生运动习惯的养成。此外,鼓励学生适当参加校外的社会体育活动,也有利于满足学生运动兴趣与需求,促进学生技能的掌握和运动能力的形成。

5) 教学评价"多元化"

主要包括四个方面:

(1) 教学评价内容的多元化。不仅要考虑乒乓球运动技能与运动能力、体能的评价,而且要考虑参与乒乓球运动的热情、合作精神、意志品质方面的评价。

(2) 教学评价主体的多元化。以教师评价为主导,加强学生互评、自评有机结合,甚至可以考虑引入家长、社会等评价形式。

(3) 教学评价标准的多元化。乒乓球教学评价中要关注学生个体差异,注重学生在学习中的进步幅度与努力程度,确立不同的发展目标和相应的评价标准,提高评价结果的信度和效度。

(4) 教学评价方法的多元化。将定性评价和定量评价相结合,诊断性评价、形成性评价和终结性评价相结合,更注重对学生发展过程的监控,及时地掌控和发现学生在学习过程中所取得的成绩和存在的问题,使学生通过评价的反馈信息不断地调整自己的状态,使学习更高效。

3.2.2 体育课程一体化背景下乒乓球专项课教学模式的设计理论

中小学乒乓球专项课一体化单元教学模式,注重小学、初中、高中乒乓球教学一体化,不仅能够实现小学、初中、高中的课程对接,还能为学生乒乓球的综合能力发展创造条件。其基本理念是"玩起来""乐起来""赛起来"。其中,不同学习阶段的设计理念也存在差异。

(1) 在小学乒乓球专项课设计的内容安排上,增加游戏内容的比重,课堂学练尽量以游戏形式进行,提升学生参与乒乓球课程的积极性。需要更多关注学生的情感与体验,让学生在快乐、轻松的心境中完成专项学习和练习,培养学生锻炼的兴趣。重视学生的全员参与,让每一名学生都能在乒乓球专项课堂中找到自己的位置、展现自身能力并获得运动所带来的快乐。小学一、二年级可以进行各种颠球的游戏比赛,三、四年级可以开展各种移动击球的比赛,五、六年级就能进行各种较为正式的比赛了。同时,参赛人数、规则都可以根据实际情况随时调整,关注多数学生的接受能力以及心理体验。要求90%以上的学生都能上场参赛。

(2) 初中乒乓球专项课在小学的基础上,学习新的技术动作,并逐渐使技术动作技能化,同时加强专项体能的练习。初中学段应逐渐把小学时的游戏变成比赛,提高学生的比赛意识,同时,加强乒乓球理论知识的学习,使学生了解掌握更多的乒乓球知识和乒乓球文化,能够参与并承担比赛的裁判工作。

(3) 高中阶段主要是提高动作的质量和在比赛中的技能运用水平,并继续学习乒乓球的裁判规则,使学生能够更好地进行裁判工作。在此基础上,逐渐养成自我锻炼的习惯,为终身体育打下良好的基础。

3.2.3 体育课程一体化背景下乒乓球专项课教学概念及要求

1. 乒乓球教学的概念与任务

乒乓球运动教学工作是教师根据一定的目的、计划和学生身心的特点,指导学生掌握乒乓球的理论知识、技术、技能,增强体质,发展认知能力,培养良好道德和意志品质的教育过程。教学工作是以教师主导、学生为主体的有目的的教与学的社会活动,其主要任务是:

(1) 使学生初步掌握乒乓球运动的基本理论知识、基本技术、战术和基本技能。

(2) 发展学生身体素质,增强学生体质。

(3) 培养学生良好的思想道德和意志品质。

(4) 使学生养成打乒乓球的健身习惯,培养终身体育意识。

通过教师的教与学生的学,学生掌握了乒乓球运动的基本知识、基本技术、战术和基本技能,同时增强了身体素质,提高了运动能力;运动能力提高了,练习乒乓球的兴趣也浓厚,养成了乒乓球健身的终身体育运动的健康行为习惯;通过乒乓球运动结识朋友、愉悦身心,培养了团队协作、遵守游戏规则的体育品德。这也符合体育运动的核心素养的三大方面,即运动能力、健康行为、体育品德。

2. 乒乓球教学工作的具体要求

乒乓球教学工作的具体要求包括以下 10 个方面。

(1) 发展学生的自觉积极性。在乒乓球教学中要启发学生明确学习的目的,调动学习主动性,培养独立思考能力和创造精神,引导学生理解和掌握教学内容,并融会贯通,能在实践中加以运用。为了激发学生学、练的愿望和兴趣,应使教学活动具有启发性、知识性、变异性和鼓励性。如中小学阶段的学生学习乒乓球技术时,教师可以对乒乓球技术动作内容进行简易化和游戏化的改造,使得这些运动技能容易被学生们学习和掌握,这既丰富了教学内容,又使学生在乒乓球教学的过程中能够体验到快乐、满足与成就感。

(2) 注重直观性教学。直观性是指在乒乓球教学中利用学生的感觉器官和已有经验,获得生动的表象,并结合积极思维、反复练习,以掌握乒乓球的知识、技术、技能,培养学生的观察能力和发展学生的思维能力。特别是针对小学阶段的学生,更应该应用直观性教学,如利用教学挂图、影像、教师示范等直观教学方法更有利于低年龄阶段学生建立动作表象,帮助学生更好地掌握动作技术。

(3) 从实际出发。乒乓球教学课的目标、内容、组织教学和运动负荷的确定与安排,都要符合学生的年龄、性别、身心发展的特点和其乒乓球知识、技术、体能水平以及教学条件、地区、气候等实际情况,为学生所能接受,便于教学工作的进行。在一节乒乓球教学课上课前,教师需要做好充分的备课,包括备教材、备学情、备教法、备学法、备教学组织、备器材场地等,所有的备课内容都应遵循从实际出发的原则,合理进行教学设计。

(4) 理论与实际相结合。在乒乓球教学中,应充分发挥理论知识对技术、技能学习的指导作用;而在学习与掌握技术、技能时又应不断加深对理论的理解。

(5) 教学循序渐进。在乒乓球教学中,学生的一切知识、技能、技术的获得和身体素质的发展,都有其一定的规律性和顺序性。教师在组织教学时应考虑到学生实际情况,遵循由浅入深、由易到难、由简到繁、由低到高、由主到次的循序渐进原则。

(6) 合理安排运动负荷。运动负荷是指身体练习给予人体的生理负荷和心理负荷。

体育与健康课堂必须要保证一定的运动负荷,每节体育与健康课的运动密度应达到75%以上;练习密度应不低于50%;每节体育与健康课学生的平均心率即运动强度应达到130~150次/min;每节课都要安排10 min左右的体能练习,包括一般体能和专项体能的练习内容,促进学生体能协调和全面发展。乒乓球教学要正确处理量和强度的关系,不能负荷太小而起不到锻炼的效果,同时也不能负荷太大而出现安全事故,有损学生健康。不同年龄、性别、训练经历的学生所能承受的运动负荷的大小也不一样,所以,老师在进行教学设计时,要根据实际情况,合理设计安全、有效的运动负荷。

(7)注意教学中"精讲多练"。乒乓球技术教学中应该更多地注重学生参与和体验动作,教师是教学的主导者,用语言、示范、挂图、纠错等手段引导学生学习,是为学生掌握技术动作服务的;学生是学习的主体,用听、看、练、赛等方式进行动作的学习,而技术动作的学习需经过反复的练习,从量变到质变,从泛化到分化,再到自动化,最后达到熟练运用自如的程度。所以,教师在教学时,注意"精讲多练",把课堂时间留给学生操练动作,从实践中学习,教师只需要适当地给予教学指导和学法指导。这也符合中小学《体育与健康课程标准》中"学会、勤练、常赛"的理念。

(8)教学中以赛代练。乒乓球技术教学的目的之一就是要学生掌握乒乓球技术从而进行乒乓球比赛,脱离比赛的教学不可能收到理想的教学效果,也不可能达到应该达到的教学目标。教学比赛的形式可以根据不同学段学生的年龄、身体、心理发育特点而不同,可以是练习内容的竞赛化,如颠球比多;也可以是简化规则的乒乓球比赛,如推挡球比赛。小学水平一阶段乒乓球教学内容游戏化,比赛可以设置为小组间托球接力比赛。初中水平四阶段乒乓球比赛可设置为只用反手推挡球形式进行的比赛。高中水平五阶段的乒乓球比赛可设置为正手对攻球比多。

(9)及时合理的教学评价。乒乓球课程教学评价中不仅要考虑乒乓球运动技能与运动能力、体能的评价,而且要考虑参与乒乓球运动的热情、合作精神、意志品质方面的评价,还要关注学生个体差异,注重学生在学习中的进步幅度与努力程度,确立不同的发展目标和相应的评价标准。

(10)乒乓球教学中体能的练习。中小学《体育与健康课程标准》中明确规定,体育课的体能练习部分要占到10 min时间,内容安排符合全面性原则,如主教材是乒乓球正手攻球,属于上肢力量,那么本节课的体能练习尽量安排一些下肢的力量练习和核心力量练习。体能的提高也能促进乒乓球技术的质量提升,如上肢力量的增加可以使击球力量变大、速度变快;下肢力量的增加可以使移动步伐更快,更有效地完成移动击球的动作。同时,体能练习又能弥补乒乓球教学课中运动强度不够的弊端,让乒乓球课中的运动强度提升,运动密度加大,让学生在学会乒乓球技术的同时,也提高体能,很好地达到锻炼的效果。

3.2.4 体育课程一体化背景下乒乓球专项课教学方法

乒乓球教学方法是指在乒乓球教学过程中,教师根据乒乓球教学的目标、任务、内容所采用的措施和手段。教学方法的选择与运用是否切合实际和有效,对能否完成教学任务、提高教学质量有重要意义。

1. 直观教学法

在教学中,借助视觉、听觉、肌肉本体感觉等感觉器官来感知动作是一种经常运用的教学方法,称为直观教学法,它有助于学生了解动作形象、结构、要领、完成方法以及时间和空间的关系。在乒乓球课的教学中常用的直观教学法,主要有动作示范、战术示范、教学挂图示范、教具示范、模型示范和电视录像等电化教学示范。进行动作示范或其他内容的示范,都应做到以下几点:

(1)目的明确。教师的示范要明确所要解决的问题,要根据教学任务、步骤和学生的情况决定示范什么,怎样示范,还要注意按计划掌握示范时间,不能随意延长时间,影响学生的练习。

(2)注意示范的位置和方向。根据学生的运动的技术特点及教学重点和要求,教师的示范动作一定要考虑到让学生从任何角度都能看清楚,所以教师要不断调整示范位置,注意正面、侧面、背面等示范方法的变换,以求达到示范的最佳效果。

(3)示范动作要规范。教师的示范动作力求做到准确、熟练、轻快、优美,要留给学生具有动作典范的印象,也可利用录像作为教师辅助示范。

2. 语言提示法(精讲)

正确生动地运用语言,在教学中有着重大作用和意义,也是在教学每个环节中不可缺少和不能代替的重要方法。考虑到课程特点,运用语言必须限定时间,有些话要起到画龙点睛的作用。在乒乓球教学中常用的语言形式有:讲解、口令和要求、口头评定成绩以及使学生掌握和运用"默念"与"自我暗示"等。

讲解法是乒乓球教学工作中一种运用语言提示法最普遍的形式,即教师用语言向学生说明教学的任务、内容、要求、动作名称、动作要领等以进行教学的一种方法。它在理论教学、思想教育和技术教学中都起着重要的作用。具体运用时,应注意以下几点:

(1)目的明确、有的放矢。根据教学任务和学生的实际情况,有针对性、有区别地进行讲解,注意客观效果。在理论课或专门分析、讲解技术动作时,可以较详细地讲;但在练习课上(特别是学生练习情绪很高,打得正上劲时)应尽量少讲。

(2)内容正确、表达清楚。语言是人们表达和交流思想的工具,要使其真正发挥作用,第一要求我们头脑中的思想或概念要正确,第二还要善于表达。乒乓球教学中,在教学内容正确、具有科学性的同时,还必须注意选用最能够把头脑中的概念表达清楚的语言。否则词不达意,往往会引起学生的误会或形成错误的概念。这不仅需要在语言上下工夫,而且还应虚心,认真地研究学生现有的知识、经验和理解程度。

(3)讲解要充分准备,语言精练扼要和确切,重点突出,层次分明,口齿清楚,语气稳重而亲切,表达要生动、幽默,力求以最短时间收到最好的讲解效果。

3. 练习法(多练)

在教学中,大部分时间是学生进行练习,通过实际体验掌握动作要领和教学内容。乒乓球教学中的练习分为不击球的徒手动作练习(又可分为手法、步法及二者的结合练习)与击球练习。击球练习又可分为不上台练习(如颠球、对墙打、打吊球等)与上台的击球练习。上台的击球练习又可分为单球练习与多球练习。

乒乓球教学中,教师讲解示范完动作要领后,让学生不上台或站在球台的击球位置但不击球,握拍进行动作模拟练习,这一练习要保持经常性,每次课都抽出一定时间进行练习,教师要规定练习次数或时间,如要求必须完成100次或以时间规定为一组,完成三组。在进行练习时,教师随时提示动作的某些错误,到队伍中进行个别纠正,必要时再次讲解、示范,教师也可带领学生一起做。这一练习方法的意图是让学生建立正确动作概念,清楚感觉易犯的动作错误并进行纠正,同时养成学生对纠正错误动作的"自我暗示"习惯。

进行模拟练习,要时时提醒学生,在意念上要有球的位置和运动,也就是让学生在想象中有攻球的意识,在动作中感受和假定打球的时间和力量,这样才能使模拟练习起到事半功倍的作用。只有模拟动作完全正确,上台击球动作才可能正确,但往往模拟动作练习时,动作基本正确,上台击球就会不自然地出现错误动作,这就必须反复地、不厌其烦地练习才能逐步改进。有条件的可在镜前做动作练习,这样效果会更好些。

在教学中常用的辅助性练习有对墙挥拍进行正手或反手攻球动作练习和击打吊球等,这些都是用来加强手感、纠正动作、体会动作的练习方法。

4. 预防和纠正动作错误法

预防和纠正动作错误法是指教师为了预防和纠正学生在练习中出现的动作错误所采用的方法。乒乓球教学训练中,学生在掌握动作时,出现错误是正常现象,教师应正确对待并有意识地加以预防和纠正。教学训练中预防和纠正动作错误,不仅是正确掌握乒乓球基本知识和动作技术的需要,并且是有效地锻炼身体,避免运动损伤的重要保证。如果让错误动作形成动力定型后才去纠正,就可能要付出比学会相应的动作更多的时间和精力,因此,必须及时地对动作错误进行预防和纠正。

预防和纠正动作错误时,应首先分析产生错误的原因,然后,针对产生错误的主要原因,选用适合的方法予以预防和纠正。

5. 多球训练法

多球训练是指将数十个、数百个乒乓球放在一个筐(或盆)内,根据不同的练习内容与要求连续不断取球,并采取不同的供球方式将球击至练习者的台面,从而达到提高练习质量的目的。多球训练方法,可采用完全"人工"操作的供球方法,也可使用"发球机"机械式全自动控制的供球方法,或采用自制"木架"式多球器由人工供球的方法。多球训练不仅节省了捡球时间,更重要的是加大了单位时间内练习的强度和密度。

此外,两人一球对练时,完成几个单个技术组合成的结合性技术比较困难;而多球训练不过多受练习者回球质量影响,又可提供练习者选择的各种练习所需的有针对性的来球,在击球的步法移动范围、练习难度方面比两人对练效果好。同时,因其练习的强度和密度较大,还有助于提高运动员的专项耐力与专项力量素质,易于磨砺运动员克服困难、顽强拼搏的意志,以及吃苦耐劳的精神。

采用多球训练与多球单练相结合的方法,对提高执拍手在接近实战情况下控制球拍和球的能力及击球的准确性起着良好的促进作用。中国乒乓球队四十年之所以能够保持长盛不衰,其原因之一是将多球训练作为重要的训练手段。

6. 游戏教学法

游戏教学法是指以游戏的方式,在规则许可的范围内,充分发挥学生的主动性和创造性,以达到乒乓球教学内容所规定的目标,而组织学生进行学习的一种方法。

在教学中,合理组织和运用游戏教学法,能有效地提高学生身体活动能力,全面发展学生身体素质,并使学生能在复杂变化的情况下,运用知识技能,发挥技战术,同时还能激发学生的兴趣,在游戏中获得身心的愉悦和运动的快乐。

在乒乓球教学中运用游戏法时需要注意的是:在准备活动阶段,游戏要能够起到激发学生兴趣、活动学生身体的作用;在技术学习阶段,所采用的游戏不能破坏学生所学技术动作的结构,而应该尽量促进其规范技术动作的形成。

7. 比赛法

比赛法也称为竞赛法,是指在竞赛条件下,为检查教学效果和提高乒乓球技术战术运用水平而采用的一种教学方法。

在教学中,合理地运用比赛教学法,可以锻炼和提高学生乒乓球基本技战术的运用能力和应变能力,同时还能培养学生坚毅、果断、勇敢、顽强的意志品质和团结协作的集体主义观念。比赛教学法作为重要而有效的教学方法在乒乓球课教学中已被广泛采用。

3.3 体育课程一体化背景下中小学乒乓球教学文件的制定

教学文件是实施教学工作的重要依据。目前实行的体育课程标准用按水平划分学习阶段替代了传统的按学年划分学习阶段,按照这样的划分,小学阶段是水平一到水平三,初中阶段是水平四,高中阶段是水平五。在每一个水平阶段都有相应的标准,一个总体要求。因此,制定教学文件时首先应该根据各个水平阶段的总体标准制定水平教学计划;其次要根据水平教学计划制定每个学期的学期教学计划;再次是根据学期教学计划制定单元教学计划;最后再根据单元教学计划制定每次课的课时教学计划(教案)。

制定教学文件还应充分考虑到学生的具体情况,尤其应该了解和掌握学生的运动能力与兴趣爱好,做到因人施教;对学校的教学条件也应该心中有数,尽量利用现有教学资源,做到因地制宜。

3.3.1 水平教学计划的制定

水平教学计划是将水平教学目标所含有的内容标准加以具体化,并分配到每个学年中,以便从总体上把握学习内容和要求,使学生在运动参与、运动技能、身体健康、心理健康和社会适应5个学习领域内全面达到课程目标。

水平教学计划中的教学内容丰富多彩,容纳了多种运动项目,乒乓球是其中之一。水平教学计划通常只是将各个运动项目所构成的教学单元及教学课时数分配到每个学年和学期中,一般没有具体的内容要求。

3.3.2 学期教学计划的制定

学期教学计划是对水平教学计划的进一步细化。要求把水平教学计划中制定的所有教学单元合理地分配到每个学期中的某一周和某一次课,也就是明确每次课的内容。每学期单元的数量不一,乒乓球同样只是其中的一个单元。在制定计划时,应充分考虑到各单元的合理搭配与科学分布。

3.3.3 单元教学计划的制定

1. 制定单元教学计划的基本要求

单元是课的上位概念,即单元是由几节课时组成的,若干次教学课时组成了一个教学单元。需要注意的是,每个单元教学计划之间在内容上应该有所联系,在难度上应该有所区别。单元教学计划中的若干次教学课的内容也要有内在的联系,即单元教学计划应该在水平教学计划和学期教学计划的统领下,设定一个明确的教学主题,并围绕这个主题,再设置相应的教学内容。在每次教学课之间,应该表现出内容的延续性、递进性、层次性、连贯性、关联性和衔接性。

2. 单元教学计划的基本内容

单元教学计划应该包括教学课次、教学内容、教学目标、教学重难点、教学策略提示。单元教学计划是根据学情、教学条件总体设计的,教师要计划教学单元准备用几次课时来完成教学计划,每次课时的教学内容是什么,各个课时内容应该是相互关联、递进、有层次的,还要考虑每次课的教学重难点是什么,准备如何去教学,即选择教学方法及组织练习的形式。

3. 单元教学计划范例

单元教学计划范例如表3-1所示。

表3-1 水平四七年级乒乓球教学单元教学计划

授课单位:武汉市第十九初级中学　　授课年级:七年级　　水平:四　　共计:7学时

课次	教学内容	教学目标	重难点	教学策略
1/7	熟悉球性、基本站位与准备姿势	了解球拍的两种握持方法及其区别和特点,初步掌握乒乓球基本站位与准备姿势,通过学练选择一种喜欢的握拍方法,积极熟悉球性;发展灵敏、协调性;培养积极进取的精神和坚忍不拔的毅力	教学重点:熟悉球性 教学难点:对球的控制	1.示范讲解:不同握拍方法、基本姿势和站位。 2.体验、选择握拍方法。 3.原地模仿握拍练习、托球练习、颠球练习。 4.移动中托球练习、颠球练习游戏。 5.小竞赛:托球竞速、颠球比多
2/7	推挡球	通过学练,学生积极参与反手推挡球动作练习,95%的学生能够正确地做出推挡球动作技术且成功率达到90%,60%的学生能做到"加力推""减力挡"且可以控制推挡球的线路;发展灵敏、协调性;培养积极进取的精神和团队合作的品质	教学重点:引拍手臂微屈外旋,前臂和手腕前迎推压来球 教学难点:挥拍击球时机与力量	1.一人一拍复习端球比稳、颠球比多游戏,动作在从原地到走动中或者慢跑中完成。 2.教师动作示范反手推挡球动作(加力推和减力挡)并讲解其动作要领。 3.小组合作练习,一人发多球(力量控制好),组内成员体会加力推和减力挡动作,教师巡视、指导。 4.提高练习难度,两人一组,一人加力推,一人减力挡,控制球的运行线(斜线或者直线)。 5.推挡球接力游戏。 6.推挡球PK赛

续表

课次	教学内容	教学目标	重难点	教学策略
3/7	基本步法：单步、并步、交叉步。推挡球	了解步法的基本要求，通过学练，80%的学生能熟练完成单步、并步、交叉步及推挡球练习；发展速度、灵敏和协调等素质；培养合作意识	教学重点：重心的转移 教学难点：支撑脚的转换	1.一人一拍复习端球比稳、颠球比多游戏，动作在从原地到走动中或者慢跑中完成。 2.复习推挡球动作。 3.徒手模仿练习、听口令进行步法移动练习。 4.踩标记进行单步、跨步移动练习。 5.两人一组，一人抛球，一人徒手移动接球练习。 6.结合步法的推挡球接力游戏。 7.PK挑战赛
4/7	正、反手发平击球	了解正手发球的动作要领及击球部位，通过学练，个人正手发球成功率超过80%，培养球感；发展灵敏、协调性；明白乒乓球合法发球规则要求，培养竞争意识	教学重点：击球部位 教学难点：击球时机	1.教师利用教学媒体，讲解示范正手平击发球动作要领。 2.徒手模仿发球动作，体会抛、引、挥等动作。 3.对墙练习正手发球。 4.球台上练习发球。 5.教师巡视、指导。 6.两人一组，一人发球，一人推挡接球。 7.游戏比赛、师生互评
5/7	发球-连续推挡球组合技术	通过学练，学生积极参与乒乓球组合技术动作练习，85%的学生能够正确地完成发球-连续推挡球组合动作，60%的学生动作正确且可以控制球的线路及力量；发展灵敏、协调性；培养积极进取的精神和团队合作的品质	教学重点：动作正确、连贯，步法灵活 教学难点：动作节奏好，击球时机正确	1.一人一拍复习端球比稳、颠球比多游戏，动作在从原地到走动中或者慢跑中完成。 2.复习正、反手发平击球，反手推挡球的动作。 3.教师示范讲解组合动作，学生持拍徒手模仿练习。 4.两人一组，一人发平击球，一人反手推挡直线球或者斜线球，固定落点连续回球。 5.两人一组，提高练习难度，一人发平击球，一人反手推挡直线球或者斜线球，结合移动步法，不固定落点连续回球。 6.简化规则的教学比赛：结合发球和推挡球技术动作，两人一组，采用已学技术动作进行比赛

续表

课次	教学内容	教学目标	重难点	教学策略
6/7	简化规则的乒乓球比赛	通过学练,学生了解简单的乒乓球规则,积极参与乒乓球比赛,90%的学生能够正确地完成简化规则的乒乓球比赛;发展学生灵敏、协调、速度、力量等身体素质;培养积极进取的精神和团队合作的品质	教学重点:动作正确、连贯,反应快速,步法灵活 教学难点:动作节奏好,击球时机正确	1. 一人一拍复习端球比稳、颠球比多游戏,动作在从原地到走动中或者慢跑中完成。 2. 复习正、反手发平击球,反手推挡球的动作。 3. 教师讲解比赛规则及组织方法和注意事项,并请一名同学示范比赛。 4. 在小组长带领下,各组开展乒乓球比赛,记录下成绩,选出组内优胜者。 5. 各组优胜者参加终极PK赛,其他同学观摩比赛并助威。 6. 师生挑战赛,教师点评比赛
7/7	乒乓球考核:推挡球次数和发平击球成功率	巩固所学技术动作,能客观进行评价;通过评价,提高对乒乓球基本技术的理解和运用能力,激发参与乒乓球活动的兴趣;发展协调、力量素质;培养正确评价观	教学重点:技术动作的掌握 教学难点:连续推挡球次数和发球成功率	1. 一人一拍复习端球比稳、颠球比多游戏,动作在从原地到走动中或者慢跑中完成。 2. 学生分组自主练习推挡球及发平击球的动作。 3. 教师讲解考核方法及考核标准,选出学生考评小组并培训考核小组成员。 4. 分组进行考核。 5. 教师记录考核成绩。 6. 教师总结讲评,布置课后作业

3.3.4 课时教学计划(教案)的制定

1. 制定课时教学计划的基本要求

课时教学计划即教案,是单元教学计划的具体执行计划,是以一个课时为单位来设计和安排的。课时教学计划要根据单元教学计划的目标,结合学生的具体情况,选择相应的教学内容和教学策略来制定。课时教学计划是最具体的教学文件,也是教师实施每次课教学的最直接的依据。课时教学计划的表现形式一般有3种:文字式、表格式和流程图式。但无论是哪种形式,一般都应该包括教学目标、教学内容、学习步骤(教与学的方法)、运动负荷的控制、时间的分配、教学组织和教学后记等内容。

在编写教案时,教师要在摸清学生情况的基础上,结合教学内容提出合理的教学目标和任务。教学任务不能提得过重或过轻,要符合学生的实际水平,尽可能做到使大多数学生经过自己的努力能够完成任务。

2. 课时教学计划的基本内容

在课的内容结构上,一般分为准备部分、基本部分和结束部分。然而,中小学的体育教学课已经逐步淡化各部分的划分,趋向于自然地、艺术地过渡。但尽管如此,教学课中的3个部分还是客观存在的,只是在具体的教学过程中,应注意避免出现明显的界限。

准备部分的任务是迅速将学生组织起来,教师要把本课的任务、要求讲清楚,使学生尽快进入学习状态。内容安排既要达到热身的目的,又要结合课的内容安排一些诱导性的模仿练习,最好结合乒乓球的特点编排一些乒乓球操或安排一些简单游戏。准备部分的组织通常采用集体形式进行,在 40~45 min 的课中,需要 8~10 min。

基本部分的任务是在教师的主导作用下,调动学生的积极性,完成教学任务。安排要注意内容的衔接,把主要教材和辅助教材结合好。在组织教法上,首先注意练习方法要符合学生的实际接受能力,教法安排注意多样性、游戏性、竞赛性的有机结合。教师的讲解语言精练、准确,教师动作示范标准、示范面正确,注意要讲练结合,精讲多练。教学组织遵循有序、安全、合理、高效的原则。另外,安排体能练习以弥补乒乓球教学中练习强度不足的问题。新课标中要求 10 min 的体能练习。一节 40~45 min 的体育课,基本部分(包括体能练习)时间一般安排在 30 min 左右。

结束部分的任务是通过整理活动,使学生逐步恢复到安静状态。一般可安排一些放松练习,并对本次课进行小结,布置课外作业。小结要突出重点,既肯定好的方面,又要提出存在的问题和需要改进的地方。结束部分通常采用全班集体形式进行。结束部分的时间大约占 5 min。

3. 表格式课时教学计划范例

表格式课时教学计划范例如表 3-2 所示。

第3章 体育课程一体化背景下中小学乒乓球课程教学与设计理论

表 3-2 乒乓球：推挡球课时教学计划

授课教师：＊＊＊　　授课对象：水平四　七年级　40人　　授课单位：武汉市第十九初级中学　　指导老师：＊＊＊

教学内容	1. 乒乓球：推挡球(4/7) 2. 体能练习	教学重点	击球时机和拍型的控制
		教学难点	移动快速，击球力量与方向的控制
教学目标	1. 通过本课学习，使学生知晓乒乓球推挡球动作及移动步法的练习方法与锻炼价值； 2. 学练变线推挡球，80％的学生能够连续推挡球 15 次以上，加强对球的控制；发展灵敏、协调性； 3. 发展学生体能，提高探究能力，增强安全意识，培养不怕挫折的坚强品质和团体合作精神。		

结构	时间	教学内容与要求	教学过程与方法	练习次数	组织形式与队形
导入与热身	5 min	一、课堂教学常规 1. 集合整队、清点人数 2. 师生问好、队列练习 3. 宣布本课内容及目标 要求：集合快静齐；注意力集中；行动听指挥 二、热身活动 1. 慢跑热身练习 要求：积极主动，热情参与 2. 自编乒乓球操练习(4×8 拍) 要求：态度认真，动作舒展	1. 鸣哨集合，清点人数 2. 师生问好，老师口令指挥学生进行队列练习(见图1) 3. 教师宣布本课内容及目标，学生明确任务。 4. 教师指定小组长，学生成一路纵队绕乒乓球台慢跑 2~3 min(见图2) 5. 伴随音乐，教师带领学生集体练习乒乓球自编操	4×8 拍/节	○○○○○○○○○○ ○○○○○○○○○○ ●●●●●●●●●● ●●●●●●●●●● ☆ 图 1 ←○○○○○○○○○○○ □□ □□ ●●●●●●●●●●● 图 2

续表

教学内容	1. 乒乓球：推挡球(4/7)　2. 体能练习			
教学重点	击球时机和拍型的控制			
教学难点	移动快速，击球力量与方向的控制			

结构	时间	教学内容与要求	教学过程与方法	练习次数	组织形式与队形
探究与实践	24 min	三、乒乓球——推挡球 1. 游戏——托球接力 规则：跑动时手不能触乒乓球；途中，若乒乓球掉下，必须检起来放好，回到掉球的地方重新开始游戏 2. 复习推挡球动作及移动步法 3. 多种挡球练习 (1) 空中对挡球 (2) 地面上挡球 (3) 对墙挡球 4. 球台上推挡球练习 (1) 固定落点推挡直线球、斜线球 (2) 固定落点推挡接力游戏 要求：推球力量适中、方向准确 5. 两人一组推挡变线 (1) 一人推挡变线、一人移动挡球 (2) 两人随机变线推挡球 要求：控制推挡球的方向 6. 小竞赛：推挡球PK 要求：积极移动推挡球	1. 学生分组进行托球接力游戏（见图3） 2. 教师带领学生复习推挡球动作和移动步法。学生分组自主复习；教师巡视指导，并口头提醒动作要领 3. 学生分组自主体验多种挡球练习 (1) 空中对挡球（见图4） (2) 地面上挡球（见图5） (3) 对墙挡球（见图6） 4. 两人一组、合作练习、台上推挡固定落点练习。教师指导纠错 (1) 直线、斜线推挡推挡（见图7） (2) 分小组推挡接力游戏 5. 两人一组、合作练习、台上变线移动推挡球练习。教师指导纠错 (1) 一人推挡变线、一人移动挡球（见图8） (2) 两人随机变线推挡球（见图9） 6. 小竞赛：推挡球PK 小组内进行推挡球（随机不定点变线）PK，选出组内"PK王"，再进行组间PK。选出班级"推挡王"	3组 100次 100次 100次 100次 50次 30次 50次 50次 50次	图3 图4 图5 图6 图7

续表

教学内容			1.乒乓球:推挡球(4/7) 2.体能练习	教学重点:击球时机和拍型的控制		
				教学难点:移动快速,击球力量与方向的控制		
结构		时间	教学内容与要求	教学过程与方法	练习次数	组织形式与队形
探究与实践		10 min	四、体能练习 1.快速移动往返摸球台端线 2."波比跳"15个一组,共3组 3.两人一组,附撑下的相互换手击掌	1.快速滑步移动往返,单手触摸球台端线,看准在单位时间内往返次数多(见图10) 2."波比跳"15个一组,共3组 3.两人一组,附撑下的相互换手击掌,看哪组同学最先完成50次击掌任务	3组 3组 3组	 图8 图9 图10
放松与评价		3 min	五、放松与总结 1.身心放松活动 2.师生评议总结 3.教师宣布下课	1.教师带领学生做放松活动操 2.教师引导学生进行评价,并总结学习情况(见图11) 3.教师宣布下课,师生互道再见	4×8拍/节	图11

续表

预计练习密度	45%～50%
预计平均心率	125～135 次/min

教学反思	

课后评价量表

场地器材	乒乓球台，乒乓球拍，乒乓球若干		
指标与分值	评价内容	自评(50%)	组评(50%)
健康行为 20	1. 互帮互助，合作学习		
运动能力 20	2. 知道动作要领与练习方法		
运动能力 20	3. 学会连续推挡球 10～15 板		
运动能力 20	4. 能进行简单的推挡球比赛		
体育品德 20	5. 吃苦耐劳，勇于挑战		
综评得分	合计		
目标等级	优秀( )；良好( )；及格( )		

3.4 体育课程一体化背景下中小学体育课程标准中乒乓球项目的内容与要求

乒乓球运动在我国开展广泛,深受国人的喜爱,被誉为"国球"。乒乓球速度快,变化多,作为学校体育的一种载体,可以培养学生的灵活性、协调性和速度素质,促进心肺功能发展,增强体质,是一项兼具健身性、竞技性、娱乐性和教育性的运动。

乒乓球活动中需要大脑经常快速应变,通过身体各感官和运动中枢,以及肌肉关节系统对变化多端的来球的位置、方向、旋转、力量、战术意图等快速做出判断,并采取相应的手法、步法、旋转、力量及战术等应对方式。因此,在乒乓球学、练、赛过程中,学生能锻炼身体,如发展手、眼灵敏性和身体的协调性,提高动作速度,改善心血管系统的机能;学会调节和控制自己的情绪,正确处理体育活动中的竞争与合作关系,表现出良好的体育道德,培养勇敢顽强、沉着冷静、团结协作、敢于拼搏的优良品质。

3.4.1 中小学各水平阶段学情分析及教材内容设计思路

小学一、二年级(水平一)的学生非常喜欢乒乓球项目,但无任何乒乓球基础,教学应该以乒乓球游戏形式开展,内容主要是一些最基本、最简单的持球拍进行的体验和熟悉球性的活动。该水平的教学应使学生认识乒乓球运动,培养对乒乓球运动的兴趣,锻炼身体,为以后进一步学习乒乓球基本技术奠定基础。

小学三、四年级(水平二)的学生有一定的乒乓球基础,依然很热爱乒乓球运动,教学还是要注重趣味性,以游戏为主。学生初步学习正、反手发平击球动作,了解推挡球和正手攻球动作,为水平三的进一步学习做准备。

小学五、六年级(水平三)的学生经过水平一、水平二两个阶段的学习,对乒乓球运动兴趣很浓厚,学习的劲头很大,具备一定水平的乒乓球基础。因学生身心发育达到了一定的程度,故教学可以强化正、反手攻球动作为主,以乒乓球活动能力和乒乓球游戏为辅。建议以游戏和比赛的形式进行教学,在教学中注重加强乒乓球规则的渗透,使学生能够把所学的基本技术、比赛规则在比赛实战中运用。

初中(水平四)阶段的乒乓球教学面临较大的差异。一是初中阶段学生身心正迅速发展,不同学生在身体、体能和心理等方面存在较大差异;二是小学阶段各校开展乒乓球运动的情况不均衡,学生对乒乓球的认知、技战术水平存在较大差异。因此,教师要充分了解学情,关注差异,分层教学,有的放矢。七年级注意乒乓球基本功练习,如熟悉球性等,进一步强化学习反手推挡球、正手发平击球和步法移动等基本动作技术及结构化的组合技术,如发球-推挡球;初步具备游戏与比赛能力,充分培养兴趣,如移动连续推挡球,看谁胜出。八年级进一步学习和提高乒乓球运动技能,如正手攻球、正手发下旋球、反手搓球技术等,特别要注重多个动作组合的动作技术练习和实战中的应变能力,为比赛打下良好的基础。九年级课程标准中安排了羽毛球项目,没有安排乒乓球项目。

高中(水平五)阶段的体育教学采用"模块"选项式形式进行,学生根据自己的喜好进行乒乓球选项学习,所以选乒乓球的学生的学习兴趣浓厚,并且都有一定的乒乓球基础,主要的教学任务是提高学生的乒乓球基础技术质量,强化乒乓球组合技术及实战比赛能力,如正手攻球力量大小及落点方向的控制、左推右攻、弧圈球、发球抢攻、接发球抢攻等。

3.4.2 内容要求与质量要求

依据《体育与健康课程标准》学习目标和课程内容,制定中小学体育与健康球类教学各水平乒乓球的内容要求和质量要求,如表3-3所示。

表3-3 中小学体育与健康球类教学各水平乒乓球的内容要求和质量要求

类别	教学内容 (教材主题)	内容要求 (描述本单元安排的学习内容是什么,学到什么程度)	质量要求 (通过本单元学习后,学生在体育核心素养(运动能力、健康行为、体育品德)方面的表现)
水平一(一、二年级)	1.握拍法 2.端球比稳游戏 3.颠球比多游戏 4.击接墙面反弹球游戏 5.双人对接地面反弹球游戏	1.了解乒乓球直拍和横拍的握拍方法,并选择一种适合自己的握拍方法。 2.体验和感受乒乓球的球性特点,获得乒乓球运动的简单知识。 3.基本掌握几种乒乓球游戏的方法,如端球比稳游戏、颠球比多游戏、击接墙面反弹球游戏、双人对接地面反弹球游戏。 4.了解乒乓球的游戏规则,并能在游戏中遵守规则。 5.参与乒乓球的一般体能和专项体能练习	**运动能力**:学习本单元后,学生对乒乓球运动的简单知识、游戏有一定的认识和了解;选择一种适合自己的握拍方法,并通过游戏熟悉乒乓球的球性及特点;增强了上下肢及腰部力量,发展灵敏、协调、速度、力量等身体素质和基本活动能力。 **健康行为与体育品德**:初步掌握乒乓球游戏的方法及组织形式,积极参与乒乓球小组游戏;不怕挫折和失败,尊重对手,鼓励同伴,树立信心,表现出一定的合作能力、意志品质和文明礼貌的行为
水平二(三、四年级)	1.握拍方法、准备姿势和击球部位 2.正、反手发平击球 3.推挡球 4.正手攻球 5.推挡接龙游戏	1.知道乒乓球直拍和横拍的握拍方法,并选择一种适合自己的握拍方法。 2.了解乒乓球的准备姿势和击球部位。 3.掌握乒乓球的正、反手发平击球技术。 4.初步学习乒乓球的反手推挡球、正手攻球技术动作。 5.了解乒乓球推挡球接龙的游戏规则,并能在游戏中遵守规则。 6.参与乒乓球的一般体能和专项体能练习	**运动能力**:学习本单元后,学生对乒乓球运动的握拍方法、准备姿势、击球部位、正反手发平击球、推挡球、正手攻球有一定的认识和了解,能够说出所学动作的名称和动作方法;选择自己适合的握拍方法,练习发平击球、推挡球、正手攻球动作技术,具备连续推挡球和发平击球能力;增强了上下肢及腰部力量,发展灵敏、协调、速度、力量等身体素质和基本活动能力。 **健康行为与体育品德**:初步掌握乒乓球发球、推挡球、正手攻球,积极参与乒乓球技术的学习和游戏;不怕挫折和失败,尊重对手,鼓励同伴,树立信心,表现出一定的合作能力、意志品质和文明礼貌的行为

续表

类别	教学内容 （教材主题）	内容要求 （描述本单元安排的学习内容是什么，学到什么程度）	质量要求 （通过本单元学习后，学生在体育核心素养（运动能力、健康行为、体育品德）方面的表现）
水平三（五、六年级）	1. 正手攻球 2. 反手攻球 3. 正手削球 4. 反手削球 5. 竞赛：正、反手攻球比多、比稳	1. 掌握乒乓球的正、反手攻球技术动作。 2. 基本掌握乒乓球正、反手削球技术动作。 3. 熟练乒乓球"发球-正、反手攻球""相互推挡球""对攻球"等结构化组合技术。 4. 了解乒乓球比赛的比赛规则。 5. 完成简单的固定形式的比赛，如两人间相互推挡球比赛、两人间相互正手攻球比赛。 6. 参与乒乓球的一般体能和专项体能练习	**运动能力**：学习本单元后，学生对乒乓球运动的正、反手攻球有更深入的认识和理解，对正、反手削球有一定了解，能够说出所学动作的名称和动作方法；基本掌握乒乓球正、反手攻球和正、反手削球动作技术以及它们的多种组合技术，并能在比赛和游戏中运用，基本适应球台；具备连续推挡球和连续正手攻球的能力；增强了上下肢以及腰部力量，发展灵敏、协调、速度、力量等身体素质和基本活动能力。 **健康行为与体育品德**：掌握乒乓球推挡球、正手攻球动作技术，初步掌握正、反手削球动作技术，积极参与乒乓球组合技术的学习和游戏及简单的乒乓球比赛；不怕挫折和失败，尊重对手，鼓励同伴，树立信心，表现出一定的合作能力、意志品质和文明礼貌的行为

续表

类别	教学内容（教材主题）	内容要求（描述本单元安排的学习内容是什么,学到什么程度）	质量要求（通过本单元学习后,学生在体育核心素养(运动能力、健康行为、体育品德)方面的表现）
水平四 七年级	1. 正手发平击球 2. 反手推挡球（加力推、减力挡） 3. 单步、跨步的脚步移动 4."发球-推挡球"组合技术 5. 竞赛：发平击球-移动连续推挡球比赛,看谁推得多、推得稳	1. 了解所学乒乓球动作技术、组合动作技术的基本特点和基本原理,了解乒乓球运动所具有的锻炼价值,理解乒乓球运动对增进健康、培养体育品德的作用和意义。 2. 基本掌握正手发球、反手推挡球和单步、跨步的脚步移动等动作技术的运用。 3. 基本掌握连续推挡球、发球-推挡球组合动作技术,并有效结合脚步移动、击球线路变化等动作技术。 4. 了解乒乓球的比赛规则,并能运用于游戏和比赛中。 5. 参与乒乓球的一般体能和专项体能练习	**运动能力**：通过本单元的学习,初步了解乒乓球运动有关知识和比赛规则;选择一种握拍方法,熟悉球性,练习推挡球和发球动作技术,能与基本步法如单步、跨步等相结合,逐步适应球台,具备一定的比赛基础;提高一般体能和专项体能水平。 **健康行为与体育品德**：初步掌握获取乒乓球运动知识的一些途径和方法,积极参与各种乒乓球的练习和比赛;不怕挫折和失败,尊重对手,鼓励同伴,树立信心,表现出一定的合作能力,意志品质坚韧,敢于拼搏,行为文明礼貌
水平四 八年级	1. 正手攻球（中远台、力量） 2. 正手发下旋球 3. 反手搓球技术 4."发下旋球-搓球""发平击球-移动连续正手攻球"组合技术 5. 竞赛："连续推挡球""推挡-攻球""对攻球"比赛,看哪一组技术稳定,来回板数多	1. 了解所学乒乓球动作技术、组合动作技术的基本特点和基本原理,了解乒乓球运动的发展简史和运动特点,初步认识乒乓球运动的文化价值。 2. 基本掌握正手攻球、正手发下旋球和反手搓球等动作技术。 3. 基本掌握连续正手攻、连续反手搓、正手攻-反手推挡、正手发下旋球-反手搓等,并有效结合击球线路变化等组合技术。 4. 基本掌握比赛规则及方法,并运用于游戏和比赛。会欣赏国内外高水平乒乓球比赛。 5. 参与乒乓球的一般体能和专项体能练习	**运动能力**：通过本单元的学习,进一步了解乒乓球运动相关知识,熟悉比赛规则;掌握正手攻球、正手发下旋球和反手搓球等动作技术,以及它们的多种组合技术,并能够在比赛中合理运用;进一步提高一般体能和专项体能水平。 **健康行为与体育品德**：拓展获取乒乓球运动知识的途径和方法;能按照基本规则参与乒乓球的比赛,不怕挫折和失败,尊重对手,鼓励同伴,调整情绪,树立信心,表现出较积极的合作能力,意志品质坚韧,努力拼搏,行为文明礼貌

续表

类别	教学内容（教材主题）	内容要求（描述本单元安排的学习内容是什么，学到什么程度）	质量要求（通过本单元学习后，学生在体育核心素养（运动能力、健康行为、体育品德）方面的表现）
水平五（高中阶段）	1. 正手攻球 2. 正手发左侧上（下）旋球 3. 反手搓球技术 4. 正手弧圈球 5. 反手弧圈球 6. 正手扣杀高球 7. "发平击球-移动连续正、反手攻球""发下旋球-搓球""发下旋球-搓球-正、反手弧圈球""发下旋球-搓球-正、反手弧圈球-连续正、反手攻球"等结构化的组合技术 8. 竞赛："连续正、反手对攻球""连续正、反手对拉弧圈球"比赛，看哪一组技术稳定，来回板数多 9. 实战比赛	1. 了解所学乒乓球动作技术、组合动作技术的基本特点和基本原理，了解乒乓球运动的发展简史和运动特点，初步认识乒乓球运动的文化价值。 2. 掌握正手攻球、正手发左侧上（下）旋球和反手搓球等动作技术。 3. 基本掌握正、反手弧圈球，正手扣杀高球等动作技术。 4. 基本掌握"发平击球-移动连续正、反手攻球""发下旋球-搓球""发下旋球-搓球-正、反手弧圈球""发下旋球-搓球-正、反手弧圈球-连续正、反手攻球"等结构化的组合技术。 5. 基本掌握比赛规则及方法，并运用于游戏和比赛；会欣赏国内外高水平乒乓球比赛。 6. 参与乒乓球的一般体能和专项体能练习	**运动能力**：通过本单元的学习，进一步了解乒乓球运动相关知识，熟悉比赛规则；掌握正手攻球、正手发左侧上（下）旋球、反手搓球、正反手弧圈球、正手扣杀高球等动作技术，以及它们的多种组合，并能够在比赛中合理运用；进一步提高一般体能和专项体能水平。 **健康行为与体育品德**：拓展获取乒乓球运动知识的途径和方法；能按照基本规则参与乒乓球的比赛，不怕挫折和失败，尊重对手，鼓励同伴，调整情绪，树立信心，表现出较积极的合作能力，意志品质坚韧，努力拼搏，行为文明礼貌

3.4.3 教学建议

根据中小学体育与健康球类教学乒乓球内容要求和质量要求，对水平一到水平五各个阶段的乒乓球教学目标分解、教学内容安排、教学重难点确立以及教学策略等以单元教学计划形式提出总体教学建议，如表3-4至表3-9所示，为教学提供指导和参考。

1. 水平一乒乓球单元教学计划

表 3-4 水平一(一、二年级)乒乓球单元教学计划示例

课次	教学内容	教学目标	教学重难点	教学策略
1/5	握拍方法，端球比稳游戏	了解球拍的两种握持方法及其区别和特点，通过学练选择一种自己喜欢的握拍方法，积极熟悉球性，参与端球比稳游戏；发展灵敏、协调性；培养积极进取的精神和团队合作的品质	教学重点：持球拍呈水平状 教学难点：对球的控制	1.示范讲解：不同握拍方法，体验、选择握拍方法。 2.原地模仿握拍端球练习。 3.原地站立，尝试让乒乓球在球拍上慢慢滚动，注意寻找平衡点，调整球拍。 4.学生集体原地端球计时比赛，看谁端的时间长，端得平稳。 5.尝试从原地踏步端球到移动中端球。 6.分组进行端球接力游戏
2/5	颠球比多游戏	通过学练，学生积极参与颠球比多的熟悉球性游戏；发展灵敏、协调性；培养积极进取的精神和团队合作的品质	教学重点：球拍端平 教学难点：垂直颠球，用力均匀	1.一人一拍复习端球比稳游戏。 2.教师示范讲解颠球动作，学生原地握拍模仿颠球练习。 3.原地站立，颠球计时、计数练习，规定20 s内自颠自数，看谁颠球又多又稳。 4.提高颠球要求，颠高球、低球、高低交替球，提高对球的控制力。 5.尝试从原地踏步端球到移动中颠球。 6.分组进行迎面颠球接力游戏
3/5	击接墙面反弹球游戏	通过学练，学生积极参与击接墙面反弹球的熟悉球性游戏；发展灵敏、协调性；培养积极进取的精神和团队合作的品质	教学重点：击球时机 教学难点：击球力量的控制	1.一人一拍复习端球比稳、颠球比多游戏。 2.教师示范讲解击接墙面反弹球动作，学生原地握拍模仿练习。 3.练习用球拍连续击接由墙面落到地面的反弹球。 4.与墙保持适当距离，尝试练习击接墙面反弹球。与墙的距离由近到远，提高击接球难度，强化对球的控制。 5.增加趣味性，可以由一人到两人甚至三人一起接力进行对墙击接球练习。 6.加大对球的控制难度，练习要求击接球到墙上固定区域，如直径为0.5 m的圆内。 7.分组进行击接墙面反弹球比多游戏

续表

课次	教学内容	教学目标	教学重难点	教学策略
4/5	双人对接地面反弹球游戏	通过学练,学生积极参与双人对接地面反弹球的熟悉球性游戏;发展灵敏、协调性;培养积极进取的精神和团队合作的品质	教学重点:球落地反弹后迅速击给对方 教学难点:击球的中下部	1.一人一拍复习端球比稳、颠球比多、对墙击接反弹球等游戏。 2.教师示范讲解双人对接地面反弹球游戏动作,学生两人一组原地握拍模仿练习。 3.两人一组,进行近距离的对接地面反弹球练习,可用绳或砖块等简单器材摆出中线标志。开始练习时,允许球在本方地面反弹两次再将球打给对方。 4.两人一组,进行近距离的对接地面反弹球练习,只允许球在本方地面反弹一次就将球打给对方。 5.分组练习,两组一块场地,分别迎面各在场地一端。一方从排头开始将反弹球打给对方,迅速排到队尾,对方照此方法将球打回,依次连续进行
5/5	考核:颠球比多	通过考核,了解颠球的熟练程度,激励学生积极参与颠球的熟悉球性游戏;发展灵敏、协调性;培养积极进取的精神和团队合作的品质	教学重点:球拍端平 教学难点:垂直颠球,用力均匀	1.一人一拍复习端球比稳游戏、颠球比多游戏。 2.学生分组自主练习颠球。 3.教师讲解考核方法及考核标准,选出学生考评小组并培训考核小组成员。 4.进行考核:原地站立,颠球计时、计数练习,规定20 s内自颠球计数,看谁颠球又多又稳。 5.教师记录考核成绩。 6.教师总结讲评,布置课后作业

2. 水平二乒乓球单元教学计划

表3-5　水平二(三、四年级)乒乓球单元教学计划示例

课次	教学内容	教学目标	教学重难点	教学策略
1/7	握拍方法 准备姿势 击球部位	掌握球拍的两种握持方法,了解乒乓球的准备姿势及击球部位的相关知识。通过学练选择一种自己喜欢的握拍方法,积极参与熟悉球性练习,体验准备姿势和击球的不同部位,观察体会击球台上反弹球的不同部位后球的运行轨迹;发展灵敏、协调性;培养积极进取的精神和团队合作的品质	教学重点: 准备姿势、击球部位 教学难点: 击球部位	1.示范讲解:不同握拍方法,体验、选择握拍方法。 2.原地持拍练习端球、颠球。 3.教师示范讲解乒乓球运动的基本准备姿势,学生模仿练习,教师巡视纠错。 4.击固定"彩带线吊球",体验击球部位。 5.在乒乓球台上练习,击打球台上反弹的"彩带线吊球",观察体会被击不同部位后的球的运行轨迹及彩带在空中飘舞的形状。 6.游戏:"美丽的彩虹"。两人一组,空中对击"彩带球",注意观察彩带的轨迹,看谁的彩带更像彩虹
2/7	正手发平击球	通过学练,学生积极参与正手发平击球动作练习,85%的学生能够正确地做出发球动作且成功率达到80%,50%的学生动作正确且可以控制发球落点;发展灵敏、协调性;培养积极进取的精神和团队合作的品质	教学重点: 右臂内旋,拍面稍前倾,手臂由身体右后方引拍,向左前方挥拍 教学难点: 抛球与挥拍击球的时机	1.一人一拍复习端球比稳、颠球比多游戏,动作在从原地到走动中或者慢跑中完成。 2.教师示范讲解正手发平击球动作,学生持拍徒手在台前模仿练习。 3.在无球状态下,学生在台前做抛球挥拍练习,体会抛球引拍、找时机挥臂击球的动作。 4.在有球状态下体会并初步尝试正手发球技术动作。 5.提高难度,在对方台面画出"田"字方块,按要求发球到相应的区域中。 6.发球竞赛:分小组,小组内进行"发球比稳"的竞赛,选出发球成功率高的同学参加组间的"发球比准"的竞赛

续表

课次	教学内容	教学目标	教学重难点	教学策略
3/7	反手发平击球	通过学练,学生积极参与反手发平击球动作练习,85%的学生能够正确地做出发球动作且成功率达到80%,50%的学生动作正确且可以控制发球落点;发展灵敏、协调性;培养积极进取的精神和团队合作的品质	教学重点:右臂外旋,拍面稍前倾,手臂由身体左后方引拍,向右前方挥拍 教学难点:抛球与挥拍击球的时机	1. 一人一拍复习端球比稳、颠球比多游戏,动作在从原地到走动中或者慢跑中完成。 2. 复习正手发平击球的动作。 3. 教师示范讲解反手发平击球动作,学生持拍徒手在台前模仿练习。 4. 在无球状态下,学生在台前做抛球挥拍练习,体会抛球引拍、找时机挥臂击球的动作。 5. 在有球状态下体会并初步尝试反手发球技术动作。 6. 提高难度,在对方台面画出"田"字方块,按要求发球到相应的区域中。 7. 发球竞赛:分小组,小组内进行"发球比稳"的竞赛,选出发球成功率高的同学参加组间的"发球比准"的竞赛
4/7	反手推挡球(1)	通过学练,学生积极参与反手推挡球动作练习,85%的学生能够正确地做出推挡球动作且成功率达到80%,50%的学生动作正确且可以控制推挡球线路;发展灵敏、协调性;培养积极进取的精神和团队合作的品质	教学重点:引拍手臂微屈外旋,前臂和手腕前迎推压来球 教学难点:挥拍击球时机与判断来球线路方向	1. 一人一拍复习端球比稳、颠球比多游戏,动作在从原地到走动中或者慢跑中完成。 2. 复习正、反手发平击球的动作。 3. 教师示范讲解反手推挡球动作,学生持拍徒手模仿练习。 4. 两人一组合作练习,推挡"线吊球"。 5. 在有球状态下,学生在台前推自抛球或者同伴抛球的练习,体会来球跳升至上升期时的迎球推挡球动作。 6. 两人一组,提高练习难度,以球台中线为界限,推挡球运动轨迹呈直线或者斜线。 7. 推挡球竞赛:两人一组,进行连续推挡球比赛

续表

课次	教学内容	教学目标	教学重难点	教学策略
5/7	反手推挡球（2）	通过学练，学生积极参与反手推挡球动作练习，95%的学生能够正确地做出推挡球动作且成功率达到90%，50%的学生动作正确且可以控制推挡球的落点；发展灵敏、协调性；培养积极进取的精神和团队合作的品质	教学重点：引拍手臂微屈外旋，前臂和手腕前迎推压来球 教学难点：挥拍击球时机与判断来球落点	1.一人一拍复习端球比稳、颠球比多游戏，动作在从原地到走动中或者慢跑中完成。 2.复习正、反手发平击球，反手推挡球的动作。 3.在有球状态下，学生在台前进行推自抛球或者同伴抛球的练习，体会来球跳升至上升期时的迎球推挡动作。 4.提高难度，在对方台面画出"田"字方块，按要求推挡自抛球或者同伴抛球到相应的区域中。 5.两人一组，提高练习难度，以球台中线为界限，推挡球运动轨迹呈直线或者斜线。 6.发球-推挡球组合技术：两人一组，一人发平击球，另一人推挡球，然后进行连续推挡球比赛。 7.推挡球游戏：分小组，小组内进行"推挡球比稳"的游戏，选出推挡球成功率高的同学参加组间的"推挡球比准"的游戏
6/7	正手攻球	通过学练，学生积极参与正手攻球动作练习，85%的学生能够正确地做出正手攻球动作且成功率达到70%，50%的学生动作正确且可以控制正手攻球线路；发展灵敏、协调性；培养积极进取的精神和团队合作的品质	教学重点：小臂内旋，球拍稍前倾，由侧后方向左前方挥臂迎球 教学难点：判断来球落点及击球时机	1.一人一拍复习端球比稳、颠球比多游戏，动作在从原地到走动中或者慢跑中完成。 2.复习正、反手发平击球，反手推挡球的动作。 3.教师示范讲解正手攻球动作，学生持拍徒手模仿练习。 4.在有球状态下，学生在台前进行正手攻自抛球或者同伴抛球的练习，体会来球跳升至上升前期时的迎球时机。 5.两人一组，提高练习难度，以球台中线为界限，一人推挡球呈直线或者斜线，另一人做正手攻球，回球至同伴处。 6.简化规则的教学比赛：结合发球、推挡球、正手攻球等技术动作，两人一组，采用已学过的技术动作进行比赛

续表

课次	教学内容	教学目标	教学重难点	教学策略
7/7	考核：正、反手发平击球，反手推挡球	通过考核，了解学生正、反手发平击球，反手推挡球的熟练程度，激励学生运用所学技术积极参与简化规则的乒乓球比赛；发展灵敏、协调性；培养积极进取的精神和团队合作的品质	教学重点：击球的拍形及动作结构 教学难点：击球时机	1. 一人一拍复习端球比稳、颠球比多游戏，动作在从原地到走动中或者慢跑中完成。 2. 学生分组自主练习正、反手发平击球，反手推挡球的动作。 3. 教师讲解考核方法及考核标准，选出学生考评小组并培训考核小组成员。 4. 进行考核：连续正、反手发球和反手推挡球计数。 5. 教师记录考核成绩。 6. 教师总结讲评，布置课后作业

3. 水平三乒乓球单元教学计划

表3-6　水平三（五、六年级）乒乓球单元教学计划示例

课次	教学内容	教学目标	教学重难点	教学策略
1/9	正手攻球(1)	通过学练，学生积极参与正手攻球动作练习，85%的学生能够正确地做出正手攻球动作且成功率达到80%，70%的学生动作正确且可以控制正手攻球线路；发展灵敏、协调性；培养积极进取的精神和团队合作的品质	教学重点：持球手以前臂快速内收发力，配合手腕内转沿球体弧线挥动 教学难点：在球的上升期击球的中上部	1. 一人一拍复习端球比稳、颠球比多游戏，动作在从原地到走动中或者慢跑中完成。 2. 复习正、反手发平击球，反手推挡球的动作。 3. 教师示范讲解正手攻球动作，学生持拍徒手模仿练习。 4. 在有球状态下，学生在台前进行正手攻自抛球或者同伴抛球的练习，体会来球跳升至上升期时的迎球时机。 5. 两人一组，提高练习难度，以球台中线为界限，一人推挡球呈直线或者斜线，另一人做正手攻球回球至同伴处。 6. 简化规则的教学比赛：结合发球、推挡球、正手攻球等技术动作，两人一组，采用已学过的技术动作进行比赛

续表

课次	教学内容	教学目标	教学重难点	教学策略
2/9	正手攻球(2)	通过学练,学生积极参与正手攻球动作练习,95%的学生能够正确地做出正手攻球动作且成功率达到90%,70%的学生动作正确且可以控制正手攻球线路及落点;发展灵敏、协调性;培养积极进取的精神和团队合作的品质	教学重点:持球手以前臂快速内收发力,配合手腕内转沿球体弧线挥动,结合步法,移动迎球 教学难点:在球的上升期击球的中上部	1.一人一拍复习端球比稳、颠球比多游戏,动作在从原地到走动中或者慢跑中完成。 2.复习正、反手发平击球,反手推挡球的动作。 3.教师示范讲解正手攻球动作及简单的乒乓球移动步法。结合移动步法,学生持拍徒手模仿练习。 4.小组合作学习。如:一人发多球,多人依次进行攻球练习,发球落点可以从定点到不定点,攻球者则在从原地到积极移动中攻球。 5.两人一组,提高练习难度,注意球的落点及线路方向。如一人挡球,一人正手攻球;一人将球推到两点,攻球者在左右移动中将球攻到对方一点上;攻球者从一点来球攻到对方两点上。 6.简化规则的教学比赛:结合发球、推挡球、正手攻球等技术动作,两人一组,采用已学过的技术动作进行比赛
3/9	反手攻球(1)	通过学练,学生积极参与反手攻球动作练习,85%的学生能够正确地做出反手攻球动作且成功率达到80%,50%的学生动作正确且可以控制攻球线路;发展灵敏、协调性;培养积极进取的精神和团队合作的品质	教学重点:引拍手臂微屈外旋,前臂和手腕前迎挥拍发力 教学难点:挥拍击球时机与判断来球线路方向	1.一人一拍复习端球比稳、颠球比多游戏,动作在从原地到走动中或者慢跑中完成。 2.复习正、反手发平击球,反手推挡球的动作。 3.教师示范讲解反手攻球动作,学生持拍徒手模仿练习。 4.在有球状态下,学生在台前进行反手攻自抛球或者同伴抛球的练习,体会来球跳升至上升前期时的迎球时机。 5.两人一组,提高练习难度,以球台中线为界限,一人反手攻直线球或者斜线球,另一人推挡球。 6.简化规则的教学比赛:结合发球、推挡球、反手攻球等技术动作,两人一组,采用已学过的技术动作进行比赛

续表

课次	教学内容	教学目标	教学重难点	教学策略
4/9	反手攻球（2）	通过学练，学生积极参与反手攻球动作练习，95％的学生能够正确地做出反手攻球动作且成功率达到90％，50％的学生动作正确且可以控制攻球的落点；发展灵敏、协调性；培养积极进取的精神和团队合作的品质	教学重点：引拍手臂微屈外旋，前臂和手腕前迎挥拍发力 教学难点：挥拍击球时机与判断来球落点	1. 一人一拍复习端球比稳、颠球比多游戏，动作在从原地到走动中或者慢跑中完成。 2. 复习正、反手发平击球，反手推挡球的动作。 3. 教师示范讲解反手攻球动作及简单的乒乓球移动步法。结合移动步法，学生持拍徒手模仿练习。 4. 小组合作学习。如：一人发多球，多人依次进行反手攻球练习，发球落点可以从定点到不定点，攻球者则在从原地到积极移动中攻球。 5. 两人一组，提高练习难度，注意球的落点及线路方向。如一人挡球，一人反手攻球；一人将球推到两点，攻球者在左右移动中将球攻到对方一点上；攻球者从一点来球攻到对方两点上。 6. 简化规则的教学比赛：结合发球、推挡球、正手攻球、反手攻球等技术动作，两人一组，采用已学过的技术动作进行比赛
5/9	正手削球	通过学练，学生积极参与正手削球动作练习，85％的学生能够正确地做出正手削球动作且成功率达到80％，50％的学生动作正确；发展灵敏、协调性；培养积极进取的精神和团队合作的品质	教学重点：拍形稍后仰，触球中下部，有摩擦动作 教学难点：回球快、弧线低且稳定	1. 一人一拍复习端球比稳、颠球比多游戏，动作在从原地到走动中或者慢跑中完成。 2. 教师示范讲解正手削球动作，学生持拍徒手模仿练习。 3. 对墙削球练习。 4. 两人一组，一人发平击球，一人体会正手削球动作。 5. 两人互相练习正手削球。 6. 变化削球线路练习，如正手削直线球、斜线球。 7. 削球竞赛：两人一组，连续正手削球比多

续表

课次	教学内容	教学目标	教学重难点	教学策略
6/9	反手削球	通过学练,学生积极参与反手削球动作练习,85%的学生能够正确地做出反手削球动作且成功率达到80%,50%的学生动作正确;发展灵敏、协调性;培养积极进取的精神和团队合作的品质	教学重点:拍形稍后仰,触球中下部,有摩擦动作 教学难点:回球快、弧线低且稳定	1. 一人一拍复习端球比稳、颠球比多游戏,动作在从原地到走动中或者慢跑中完成。 2. 教师示范讲解反手削球动作,学生持拍徒手模仿练习。 3. 对墙削球练习。 4. 两人一组,一人发平击球,一人体会反手削球动作。 5. 两人互相练习反手削球。 6. 变化削球线路练习,如反手削直线球、斜线球。 7. 削球竞赛:两人一组,连续反手削球比多
7/9	发球后连续推挡球、发球后连续正手攻球	通过学练,学生积极参与乒乓球组合技术动作练习,85%的学生能够正确地完成发球-连续推挡球和发球-正手攻球组合动作,60%的学生动作正确且可以控制球的线路;发展灵敏、协调性;培养积极进取的精神和团队合作的品质	教学重点:动作正确、连贯,步法灵活 教学难点:动作节奏好,击球时机正确	1. 一人一拍复习端球比稳、颠球比多游戏,动作在从原地到走动中或者慢跑中完成。 2. 复习正、反手发平击球,反手推挡球和正手攻球的动作。 3. 教师示范讲解组合动作,学生持拍徒手模仿练习。 4. 两人一组,一人发平击球,一人反手推挡球或者正手攻球,球的运动轨迹呈直线或者斜线,固定落点连续回球。 5. 两人一组,提高练习难度,一人发平击球,一人反手推挡球或者正手攻球,球的运动轨迹呈直线或者斜线,结合移动步法,不固定落点连续回球。 6. 简化规则的教学比赛:结合发球、推挡球、正手攻球等技术动作,两人一组,采用已学技术动作进行比赛

续表

课次	教学内容	教学目标	教学重难点	教学策略
8/9	简化规则的乒乓球比赛	通过学练,学生了解简单的乒乓球比赛规则,积极参与乒乓球比赛,90%的学生能够正确地完成简化规则的乒乓球比赛;发展灵敏、协调、速度、力量等身体素质;培养积极进取的精神和团队合作的品质	教学重点:动作正确、连贯,反应快速,步法灵活 教学难点:动作节奏好,击球时机正确	1. 一人一拍复习端球比稳、颠球比多游戏,动作在从原地到走动中或者慢跑中完成。 2. 复习正、反手发平击球,反手推挡球和正手攻球的动作。 3. 教师讲解比赛规则、组织方法和注意事项,并请一名学生示范比赛。 4. 在小组长带领下,各组开展乒乓球比赛,记录下成绩,选出组内优胜者。 5. 各组优胜者参加终极PK赛,其他学生观摩比赛并助威。 6. 师生挑战赛,教师点评比赛
9/9	考核:正、反手攻球	通过考核,了解学生正、反手攻球的熟练程度,激励学生运用所学技术积极参与简化规则的乒乓球比赛;发展灵敏、协调性;培养积极进取的精神和团队合作的品质	教学重点:击球的拍形及动作结构 教学难点:击球时机	1. 一人一拍复习端球比稳、颠球比多游戏,动作在从原地到走动中或者慢跑中完成。 2. 学生分组自主练习正、反攻球的动作。 3. 教师讲解考核方法及考核标准,选出学生考核小组并培训考核小组成员。 4. 进行考核:连续正、反攻球计数。 5. 教师记录考核成绩。 6. 教师总结讲评,布置课后作业

4. 水平四乒乓球单元教学计划

表3-7　水平四(七年级)乒乓球单元教学计划示例

课次	教学内容	教学目标	教学重难点	教学策略
1/7	熟悉球性,基本站位与准备姿势	了解两种球拍的握持方法及其区别和特点,初步掌握乒乓球基本站位与准备姿势,通过学练选择一种喜欢的握拍方法,积极熟悉球性;发展灵敏、协调性;培养积极进取的精神和坚忍不拔的毅力	教学重点:熟悉球性 教学难点:对球的控制	1. 示范讲解:不同握拍方法、基本姿势和站位。 2. 体验、选择握拍方法。 3. 原地模仿握拍练习、托球练习、颠球练习。 4. 移动中托球练习、颠球练习游戏。 5. 小竞赛:托球竞速、颠球比多

续表

课次	教学内容	教学目标	教学重难点	教学策略
2/7	推挡球（加力推、减力挡）	通过学练,学生积极参与反手推挡球动作练习,95%的学生能够正确地做出推挡球动作且成功率达到90%,60%的学生能做到"加力推""减力挡"且可以控制推挡球的线路;发展灵敏、协调性;培养积极进取的精神和团队合作的品质	教学重点：引拍手臂微屈外旋,前臂和手腕前迎推压来球 教学难点：挥拍击球时机与力量	1.一人一拍复习颠球比多、对墙挡球、空中对挡球等熟悉球性的游戏。 2.教师动作示范反手推挡球动作(加力推和减力挡)并讲解动作要领。 3.小组合作练习,一人发多球(力量控制好),组内成员体会加力推和减力挡动作,教师巡视、指导。 4.提高练习难度,两人一组,一人加力推,一人减力挡,控制球的运行路线保持斜线或者直线。 5.推挡球接力游戏。 6.推挡球PK赛
3/7	基本步法：单步、并步、交叉步。推挡球	了解步法的基本要求,通过学练,80%的学生能熟练完成单步、并步、交叉步及推挡球练习;发展速度、灵敏和协调性等素质;培养合作意识	教学重点：重心的转移 教学难点：支撑脚的转换	1.一人一拍复习颠球比多、对墙挡球、空中对挡球等熟悉球性的游戏。 2.复习推挡球动作。 3.徒手模仿练习,听口令进行步法移动练习。 4.踩标记进行单步、跨步移动练习。 5.两人一组,一人抛球,一人徒手移动进行接球练习。 6.结合步法的推挡球接力游戏。 7.PK挑战赛
4/7	正、反手发平击球	了解正手发平击球的动作要领及击球部位,通过学练,学生正手发平击球成功率超过80%,培养球感;发展灵敏、协调性;明白乒乓球合法发球规则要求,培养竞争意识	教学重点：击球部位 教学难点：击球时机	1.教师利用教学媒体,讲解示范正手发平击球动作要领。 2.学生徒手模仿发球动作,体会抛、引、挥等动作。 3.对墙练习正手发平击球。 4.球台上练习正手发平击球。 5.教师巡视、指导。 6.两人一组,一人发球,一人推挡接球。 7.游戏比赛,师生互评

续表

课次	教学内容	教学目标	教学重难点	教学策略
5/7	发球后连续推挡球组合技术	通过学练,学生积极参与乒乓球组合技术动作练习,85%的学生能够正确地完成发球-连续推挡球组合动作,60%的学生动作正确且可以控制球的线路及力量;发展灵敏、协调性;培养积极进取的精神和团队合作的品质	教学重点:动作正确、连贯,步法灵活 教学难点:动作节奏好,击球时机正确	1.一人一拍复习颠球比多、对墙挡球、空中对挡球等熟悉球性的游戏。 2.复习正、反手发平击球,反手推挡球的动作。 3.教师示范讲解组合动作,学生持拍徒手模仿练习。 4.两人一组,一人发平击球,一人反手推挡直线球或者斜线球,固定落点连续回球。 5.两人一组,提高练习难度,一人发平击球,一人反手推挡直线球或者斜线球,结合移动步法,不固定落点连续回球。 6.简化规则的教学比赛:结合发球和推挡球技术动作,两人一组,采用已学技术动作进行比赛
6/7	简化规则的乒乓球比赛	通过学练,学生了解简单的乒乓球比赛规则,积极参与乒乓球比赛,90%的学生能够正确地完成简化规则的乒乓球比赛;发展灵敏、协调、速度、力量等身体素质;培养积极进取的精神和团队合作的品质	教学重点:动作正确、连贯,反应快速,步法灵活 教学难点:动作节奏好,击球时机正确	1.一人一拍复习颠球比多、对墙挡球、空中对挡球等熟悉球性的游戏。 2.复习正、反手发平击球,反手推挡球的动作。 3.教师讲解比赛规则、组织方法和注意事项,并请一名同学示范比赛。 4.在小组长带领下,各组开展乒乓球比赛,记录下成绩,选出组内优胜者。 5.各组优胜者参加终极PK赛,其他同学观摩比赛并助威。 6.师生挑战赛,教师点评比赛
7/7	乒乓球考核:推挡球次数和发平击球成功率	巩固所学技术动作,能客观进行评价;通过评价,提高对乒乓球基本技术的理解和运用能力,激发参与乒乓球活动的兴趣;发展协调、力量素质;培养正确评价观	教学重点:技术动作的掌握 教学难点:连续推挡球次数和发球成功率	1.一人一拍复习颠球比多、对墙挡球、空中对挡球等熟悉球性的游戏。 2.学生分组自主练习推挡球及发平击球的动作。 3.教师讲解考核方法及考核标准,选出学生考核小组并培训考核小组成员。 4.分组进行考核。 5.教师记录考核成绩。 6.教师总结讲评,布置课后作业

表 3-8 水平四(八年级)乒乓球单元教学计划示例

课次	教学内容	教学目标	教学重难点	教学策略
1/8	正手攻球(中远台、力量)	通过学练,学生积极参与正手攻球动作练习,85%的学生能够做出中远台加力正手攻球动作且成功率达到80%,70%的学生动作正确且可以控制正手攻球线路及落点;发展灵敏、协调性;培养积极进取的精神和团队合作的品质	教学重点:持球手以前臂快速内收发力,配合手腕内转沿球体弧线挥动,结合步法,移动迎球 教学难点:在球的上升期击球的中上部	1. 一人一拍复习颠球比多、对墙挡球、空中对挡球等熟悉球性的游戏。 2. 复习正、反手发平击球,近台正手攻球的动作。 3. 教师示范讲解中远台加力正手攻球动作及简单的乒乓球移动步法。结合移动步法,学生持拍徒手模仿练习。 4. 小组合作学习。如:一人发多球,多人依次进行攻球练习,发球落点可以从定点到不定点,攻球者则在从原地到积极移动中攻球。 5. 两人一组,提高练习难度,注意球的落点及线路方向。如一人挡球,一人正手攻球;一人将球推到两点,攻球者在左右移动中将球攻到对方一点上;攻球者从一点来球攻到对方两点上。 6. 简化规则的教学比赛:结合发球、推挡球、正手攻球等技术动作,两人一组,采用已学过的技术动作进行比赛
2/8	基本步法:单步、并步、左推右攻	了解结合单步、并步做正手攻球的动作要领及击球部位,通过学练能完成单步左推右攻6板以上;发展灵敏、协调性;体验乐趣,培养竞争意识	教学重点:准确击球 教学难点:步法协调	1. 一人一拍复习颠球比多、对墙挡球、空中对挡球等熟悉球性的游戏。 2. 复习推挡球、正手攻球动作。 3. 徒手模仿练习,听口令进行步法移动与推挡、攻球相结合的左推右攻徒手练习。 4. 小组合作,进行多球练习。一人发右两点多球,其他同学依次做移动中左推右攻练习。 5. 两人一组,一人推挡左右两点球,一人做移动中左推右攻回球练习,计来回板数。 6. 左推右攻 PK 赛

续表

课次	教学内容	教学目标	教学重难点	教学策略
3/8	发平击球-连续正手攻球、左推右攻	通过学练,学生积极参与乒乓球组合技术动作练习,85%的学生能够正确地完成发平击球-连续正手攻球和左推右攻组合动作,60%的学生动作正确且可以控制球的线路;发展灵敏、协调性;培养积极进取的精神和团队合作的品质	教学重点:动作正确、连贯,步法灵活 教学难点:动作节奏好,击球时机正确	1. 一人一拍复习颠球比多、对墙挡球、空中对挡球等熟悉球性的游戏。 2. 复习正、反手发平击球,反手推挡球和正手攻球的动作。 3. 教师示范讲解组合动作,学生持拍徒手模仿练习。 4. 两人一组,一人发平击球,一人反手推挡或者正手攻直线球、斜线球,固定落点连续回球。 5. 两人一组,提高练习难度,一人发平击球,一人结合移动步法做左推右攻动作回球到固定落点。 6. 简化规则的教学比赛:结合发平击球、推挡球、正手攻球等技术动作,两人一组,采用已学技术动作进行比赛
4/8	正手发下旋球	了解正手发下旋球的动作要领及击球部位,通过学练,70%以上的学生能发出下旋球,加强对球的控制;发展灵敏、协调性;培养团结协作、不怕挫折的精神	教学重点:挥拍方法和击球部位 教学难点:手腕的发力	1. 教师发旋转球,学生接球体验。 2. 教师介绍球的旋转,利用教学媒体讲解下旋球的旋转原理。 3. 学生持拍模仿自主练习。 4. 两人一组相互交流,练习挥拍动作。 5. 分组在球台上进行单一发球练习,先发斜线球,后发直线球。 6. 教师巡视,接学生发球,检验发球效果。 7. 游戏比赛,师生互评
5/8	反手搓球	了解搓球的动作要领及击球部位,通过学练,70%以上的学生能完成慢搓和快搓,进一步加强对球的控制能力;发展灵敏、协调性;培养团结协作、不怕挫折的精神	教学重点:手腕的快速发力 教学难点:高点期或下降前期的把握	1. 教师利用教学媒体,讲解示范搓球技术动作。 2. 学生集体徒手模仿搓球动作练习。 3. 学生在台上自抛自搓一板球练习。 4. 搓球比准游戏。搓对方下旋发球,进入对方台面内的"九宫格"中。 5. 两人一组,定点定线搓球比赛,由慢到快进行搓球练习。 6. 搓球PK挑战赛

续表

课次	教学内容	教学目标	教学重难点	教学策略
6/8	发下旋球-连续搓球组合技术	了解接下旋球的动作要领，通过学练，80%以上的学生能将下旋球接过网，正手发下旋球的成功率超过80%，不断提高对球的控制能力；发展灵敏、协调性；培养团结协作、不怕挫折的精神	教学重点：站位和击球时机 教学难点：落点的控制	1. 复习发下旋球、搓球技术动作。 2. 教师利用教学媒体，讲解示范发下旋球和搓球的站位及技术动作。 3. 分组练习，接同学所发下旋球。 4. 分组练习，接同学所发下旋球回不同落点：先斜线后直线，先不定点后定点。 5. 两人一组，一人发球后接对方连续搓球。 6. 游戏比赛：搓球比赛
7/8	简化规则的乒乓球比赛	通过学练，学生了解简单的乒乓球比赛规则，积极参与乒乓球比赛，90%的学生能够正确地完成简化规则的乒乓球比赛；发展灵敏、协调、速度、力量等身体素质；培养积极进取的精神和团队合作的品质	教学重点：动作正确、连贯，反应快速，步法灵活 教学难点：动作节奏好，击球时机正确	1. 一人一拍复习颠球比多、对墙挡球、空中对挡球等熟悉球性的游戏。 2. 复习正反手发下旋球、搓球、正反手攻球动作。 3. 教师讲解比赛规则、组织方法和注意事项，并请一名同学示范比赛。 4. 在小组长带领下，各组开展乒乓球比赛，记录下成绩，选出组内优胜者。 5. 各组优胜者参加终极PK赛，其他同学观摩比赛并助威。 6. 师生挑战赛，教师点评比赛
8/8	乒乓球考核：正手发下旋球、反手搓球	巩固所学技术动作，能客观进行评价；通过评价，提高学生对乒乓球基本技术的理解和运用能力，激发参与乒乓球活动的兴趣；发展协调、灵敏、力量等素质；培养正确评价观	教学重点：技术动作的掌握 教学难点：发下旋球或搓球成功次数	1. 一人一拍复习颠球比多、对墙挡球、空中对挡球等熟悉球性的游戏。 2. 学生分组自主练习正手发下旋球、反手搓球的动作。 3. 教师讲解考核方法及考核标准，选出学生考核小组并培训考核小组成员。 4. 分组进行考核。 5. 教师记录考核成绩。 6. 教师总结讲评，布置课后作业

5. 水平五乒乓球单元教学计划

表 3-9　水平五(高中阶段)乒乓球单元教学计划示例

课次	教学内容	教学目标	教学重难点	教学策略
1/12	正手攻球	通过学练,学生积极参与正手攻球动作练习,85%的学生能够正确地做出正手攻球动作且成功率达到80%,70%的学生能够做出近台、中远台变化节奏的正手攻球动作,并且可以控制正手攻球线路及落点;发展灵敏、协调性;培养积极进取的精神和团队合作的品质	教学重点:持球手以前臂快速内收发力,配合手腕内转沿球体弧线挥动,结合步法,移动迎球 教学难点:在球的上升期或者高点期击球的中上部	1.复习正、反手发平击球,近台正手攻球的动作。 2.教师示范讲解中远台加力正手攻球动作及简单的乒乓球移动步法。结合移动步法,学生持拍徒手模仿练习。 3.小组合作学习。如一人发多球,多人依次进行攻球练习,发球落点可以从定点到不定点,攻球者则在从原地到积极移动中攻球,从近台退到中远台,击球节奏由慢到快,力量由小到大。 4.两人一组,提高练习难度,注意球的落点及线路方向。如一人将球推到两点,攻球者在左右移动中将球攻到对方一点上;攻球者从一点来球攻到对方两点上。 5.简化规则的教学比赛:结合发球、推挡球、正手攻球等技术动作,两人一组,采用已学过的技术动作进行比赛
2/12	正手扣杀高球	通过学练,学生积极参与正手扣杀高球动作练习,75%的学生能够正确地做出正手慢速扣杀高球动作且成功率达到70%,60%的学生能够做出正手快速扣杀高球动作,并且可以控制球的线路;发展力量、灵敏、协调性;培养积极进取的精神和团队合作的品质	教学重点:右脚蹬地,腰部转动,拍面前倾,手臂向前下方挥动发力,结合步法,移动迎球 教学难点:在球的上升期或者高点期击球的中上部	1.复习正、反手发平击球,正手攻球的动作。 2.教师示范讲解正手扣杀高球动作及简单的乒乓球移动步法。结合移动步法,学生持拍徒手模仿练习。 3.学生练习正手扣杀自抛到台面上反弹的高球,体会动作方法。 4.小组合作学习。如一人发多球,多人依次进行正手扣杀高球练习,发球落点可以从定点到不定点,攻球者则在从原地到积极移动中扣杀高球。 5.两人一组合作练习,扣杀高球游戏,体会慢速扣杀和快速扣杀的动作方法。 6.扣杀高球比赛,扣杀10个高球,看谁成功率高

续表

课次	教学内容	教学目标	教学重难点	教学策略
3/12	正手发左侧上(下)旋球	了解正手发左侧上(下)旋球的动作要领及击球部位，通过学练，70%以上的学生能正手发出左侧上(下)旋球，加强对球的控制；发展灵敏、协调性；培养团结协作、不怕挫折的精神	教学重点：挥拍方向和击球部位 教学难点：手腕的发力	1.复习发下旋球动作。教师发左侧上(下)旋球，学生接球体验。 2.教师介绍球的旋转，利用教学媒体讲解左侧上(下)旋球的旋转原理。 3.学生持拍模仿自主练习。 4.两人一组相互交流，练习挥拍动作。 5.分组在球台上进行单一发球练习，先发斜线球，后发直线球。 6.教师巡视，接学生发球，检验发球效果。 7.游戏比赛，师生互评
4/12	反手搓球	了解搓球的动作要领及击球部位，通过学练，70%以上的学生能完成慢搓和快搓，进一步加强对球的落点及方向的控制能力；发展灵敏、协调性；培养团结协作、不怕挫折的精神	教学重点：手腕的快速发力 教学难点：高点期或下降前期的把握	1.教师利用教学媒体，讲解示范搓球技术动作。 2.学生集体徒手模仿搓球动作练习。 3.学生在台上自抛球练习。搓球的落点注意摆短与劈长的区分，方向先斜线后直线。 4."搓球比准"游戏。搓对方下旋发球，进入对方台面内的"九宫格"中。 5.两人一组，定点定线搓球比赛，由慢到快进行搓球练习。 6.两人一组，进行结合移动步法的不定点不定线的长短结合、左右结合的综合对搓比赛。 7.搓球PK挑战赛
5/12	正手高吊弧圈球	通过学练，学生积极参与正手高吊弧圈球动作练习，75%的学生能够正确地做出正手高吊弧圈球动作且成功率达到65%；发展灵敏、力量、协调等身体素质；培养积极进取的精神和团队合作的品质	教学重点：手臂由下向上稍向前快速发力摩擦 教学难点：在球的下降前期击球的中上部	1.复习正、反手发下旋球，反手搓球，反手推挡球的动作。 2.教师利用教学媒体，讲解示范正手高吊弧圈球技术动作。 3.学生持拍徒手模仿练习。 4.学生对墙做自抛自拉的辅助练习。 5.学生在台上进行拉自抛球或者同伴抛球的练习，体会下降前期击球中上部。 6.多球练习。一人发出下旋球，一人练习拉高吊弧圈球。可结合移动步法，练习移动中拉不定点的高吊弧圈球。 7.简化规则的教学比赛：结合发下旋球、搓球、推挡球等技术动作，两人一组，采用已学过的技术动作进行比赛

续表

课次	教学内容	教学目标	教学重难点	教学策略
6/12	正手前冲弧圈球	通过学练,学生积极参与正手前冲弧圈球动作练习,75%的学生能够正确地做出正手前冲弧圈球动作且成功率达到65%;发展灵敏、力量、协调等身体素质;培养积极进取的精神和团队合作的品质	教学重点:手臂由后向前稍向上快速用力摩擦 教学难点:在球的高点期前后击球的中上部	1.复习正、反手发下旋球,反手搓球,反手推挡球,正手高吊弧圈球的动作。 2.教师讲解示范正手前冲弧圈球技术动作,学生持拍徒手模仿练习。 3.学生对墙做自抛自拉的辅助练习。 4.学生在台上进行拉自抛球或者同伴抛球的练习,体会高点期击球中上部。 5.多球练习。一人发出下旋球,一人练习拉前冲弧圈球。可结合移动步法,练习移动中拉不定点的前冲弧圈球。 6.两人一组,一人推挡,一人练习拉前冲弧圈球,轮换练习。 7.简化规则的教学比赛:结合发下旋球、搓球、推挡球等技术动作,两人一组,采用已学过的技术动作进行比赛
7/12	反手弧圈球	通过学练,学生积极参与反手弧圈球动作练习,70%的学生能够正确地做出反手弧圈球动作且成功率达到65%;发展灵敏、力量、协调等身体素质;培养积极进取的精神和团队合作的品质	教学重点:手臂由左后向右前上方快速挥拍摩擦 教学难点:在球的高点期前后击球的中上部	1.复习正、反手发下旋球,反手搓球,反手推挡球,正手弧圈球的动作。 2.教师讲解示范反手弧圈球技术动作,学生持拍徒手模仿练习。 3.学生对墙做自抛自拉的辅助练习。 4.学生在台上进行拉自抛球或者同伴抛球的练习,体会高点期击球中上部。 5.多球练习。一人发出下旋球,一人练习反手弧圈球。可结合移动步法,练习移动中拉不定点的弧圈球。 6.两人一组,一人推挡,一人练习反手拉弧圈球,轮换练习。 7.简化规则的教学比赛:结合发下旋球、搓球、推挡球等技术动作,两人一组,采用已学过的技术动作进行比赛

续表

课次	教学内容	教学目标	教学重难点	教学策略
8/12	发平击球-脚步移动,连续正、反手攻球	通过学练,学生积极参与乒乓球组合技术动作练习,85%的学生能够正确地完成发平击球-连续正、反手攻球和左推右攻组合动作,60%的学生动作正确且可以控制球的线路;发展灵敏、协调性;培养积极进取的精神和团队合作的品质	教学重点:动作正确、连贯,步法灵活 教学难点:动作节奏好,击球时机正确	1.复习正、反手发平击球,正、反手攻球,移动步法动作。 2.教师示范讲解组合动作,学生持拍徒手模仿练习。 3.多球练习。一人发平击球,一人移动中连续正、反攻球组合练习。 4.两人一组,一人发平击球,一人反手推挡或者正手攻直线球、斜线球,固定落点连续回球。 5.两人一组,提高练习难度,一人发平击球,一人结合移动步法做左推右攻动作回球到固定落点。 6.简化规则的教学比赛:结合发球、推挡球、正手攻球等技术动作,两人一组,采用已学技术动作进行比赛
9/12	发下旋球-搓球-正反手弧圈球	通过学练,学生积极参与乒乓球组合技术动作练习,65%的学生能够正确地完成发下旋球-搓球-正反手弧圈球组合动作;发展灵敏、协调、力量等身体素质;培养积极进取的精神和团队合作的品质	教学重点:动作正确、连贯,步法灵活 教学难点:动作节奏好,击球时机正确	1.复习发下旋球、搓球、正反手弧圈球技术动作。 2.教师示范讲解组合动作,学生持拍徒手模仿练习。 3.多球练习。一人发下旋球,一人搓一板球接一板弧圈球。 4.两人一组,定点定线组合练习,发下旋球-搓球-正反手弧圈球。 5.两人一组,不定点不定线合作练习,发下旋球-搓球-正反手弧圈球。 6.简化规则的教学比赛:结合发下旋球、推挡球、搓球、正反手弧圈球等技术动作,两人一组,采用已学技术动作进行比赛

续表

课次	教学内容	教学目标	教学重难点	教学策略
10/12	发下旋球-搓球-正反手弧圈球-连续正反手攻球	通过学练，学生积极参与乒乓球组合技术动作练习，65%的学生能够正确地完成发下旋球-搓球-正反手弧圈球-连续正反手攻球组合动作；发展灵敏、协调、力量等身体素质；培养积极进取的精神和团队合作的品质	教学重点：动作正确、连贯，步法灵活 教学难点：动作节奏好，击球时机正确	1. 复习发下旋球、搓球、正反手弧圈球、正反手攻球技术动作。 2. 教师示范讲解组合动作，学生持拍徒手模仿练习。 3. 多球练习。一人发下旋球，一人搓一板球接一板弧圈球，再进行正反手攻球。 4. 两人一组，定点定线组合练习，发下旋球-搓球-正反手弧圈球-连续正反手攻球。 5. 两人一组，不定点不定线合作练习，发下旋球-搓球-正反手弧圈球-连续正反手攻球。 6. 简化规则的教学比赛：结合发下旋球、正反手攻球、搓球、正反手弧圈球等技术动作，两人一组，采用已学技术动作进行比赛
11/12	乒乓球教学比赛	通过学练，学生了解简单的乒乓球比赛规则，积极参与乒乓球比赛，90%的学生能够正确地完成简化规则的乒乓球比赛；发展灵敏、协调、速度、力量等身体素质；培养积极进取的精神和团队合作的品质	教学重点：动作正确、连贯，反应快速，步法灵活 教学难点：动作节奏好，击球时机正确	1. 复习正反手发下旋球、搓球、正反手攻球、正反手弧圈球动作。 2. 教师讲解比赛规则及组织方法和注意事项，并请一名同学示范比赛。 3. 在小组长带领下，各组开展乒乓球比赛，记录下成绩，选出组内优胜者。 4. 各组优胜者参加终极PK赛，其他同学观摩比赛并助威。 5. 师生挑战赛，教师点评比赛
12/12	考核：搓球-弧圈球-推攻球组合技术动作	学生巩固所学技术动作，能客观进行评价；通过评价，提高对乒乓球组合技术的理解和运用能力，激发参与乒乓球活动的兴趣；发展协调、灵敏、力量等素质；培养正确评价观	教学重点：组合技术动作的掌握与运用 教学难点：技术的灵活运用	1. 一人一拍复习颠球比多、对墙挡球、空中对挡球等熟悉性的游戏。 2. 学生分组自主练习正反手攻球、搓球、弧圈球动作及组合技术动作。 3. 教师讲解考核方法及考核标准，选出学生考核小组并培训考核小组成员。 4. 分组进行考核。 5. 教师记录考核成绩。 6. 教师总结讲评，布置课后作业

3.4.4 教学评价

1. 评价标准

依据《体育与健康课程标准》目标要求及中小学体育与健康球类教材乒乓球的质量要求,制定水平一到水平五各个阶段体育与健康球类教材乒乓球的学习评价标准,如表 3-10 至表 3-14 所示。

1)水平一阶段体育与健康乒乓球学习评价标准

表 3-10 水平一阶段体育与健康乒乓球学习评价标准

评价维度	评价内容	评分标准		
运动技能 (100 分)	运动水平 一年级:20 s 颠球比多 二年级:30 s 移动颠球比多	等级及分数	一年级 20 s 颠球/次	二年级 30 s 移动颠球/次
		优秀 90~100	≥30	≥40
		良好 80~89	25~29	35~39
		中等 70~79	20~24	30~34
		及格 60~69	15~19	20~29
		不及格 59 及以下	≤14	≤19
	技术水平	颠球、移动颠球	优秀 90~100	完成动作质量好:姿势正确,动作协调、优美、轻松,颠球稳定
			良好 80~89	完成动作质量较好:姿势较正确,动作较协调、自然、轻松,颠球较稳定
			中 70~79	能够完成动作:姿势基本正确,颠球基本稳定,动作基本轻松、自然、协调
			及格 60~69	勉强能够完成动作:姿势基本正确,颠球基本连续,动作不够轻松、自然、协调
			不及格 59 及以下	不能完成动作:姿势不正确,动作紧张、不协调,颠球不能够连续
态度与参与 (100 分)	1. 课堂教学出勤情况。 2. 能遵守课堂纪律,听从指挥,保质保量完成练习。 3. 认真接受教师的指导,能主动讨论、交流。 4. 能积极改进自己的动作,为达目标而反复练习。 5. 能运用所学知识和技能参与体育活动			

续表

情意与合作 （100分）	1. 能自信参与体育学习与活动。 2. 在学习与活动中能克服困难。 3. 能控制自己的情绪，与同伴一起愉快地完成学习与活动。 4. 在学习与活动中遵守规则，能胜任所扮演的角色。 5. 在学习与活动中能帮助他人		
评价结果	得分	运动技能： 态度与参与： 情意与合作：		
	评语			

2）水平二阶段体育与健康乒乓球学习评价标准

表3-11 水平二阶段体育与健康乒乓球学习评价标准

评价维度	评价内容	评分标准				
		等级及分数	三年级		四年级	
			反手推挡球/次	正手发平击球成功率	正手推挡球/次	反手发平击球成功率
运动技能 （100分）	运动水平 三年级：连续反手推挡球次数和正手发平击球成功率 四年级：连续正手推挡球次数和反手发平击球成功率	优秀 90～100	≥25	≥80%	≥25	≥80%
		良好 80～89	20～24	70%～79%	20～24	70%～79%
		中 70～79	15～19	55%～69%	15～19	55%～69%
		及格 60～69	10～14	40%～54%	10～14	40%～54%
		不及格 59及以下	≤9	≤39%	≤9	≤39%
	技术水平 正反手发平击球、正反手推挡球	优秀 90～100	完成动作质量好：姿势正确，动作协调、优美、轻松，击球点、落点准确			
		良好 80～89	完成动作质量较好：姿势较正确，动作较协调、自然、轻松，击球点、落点较准确			
		中 70～79	能够完成动作：姿势基本正确，击球点、落点基本准确，动作基本轻松、自然、协调			
		及格 60～69	勉强能够完成动作：姿势基本正确，击球点、落点基本准确，动作不够轻松、自然、协调			
		不及格 59及以下	不能完成动作：姿势不正确，动作紧张、不协调，击球点、落点不准确			

态度与参与 （100分）	1. 课堂教学出勤情况。 2. 能遵守课堂纪律，听从指挥，保质保量完成练习。 3. 认真接受教师的指导，能主动讨论、交流。 4. 能积极改进自己的动作，为达目标而反复练习。 5. 能运用所学知识和技能参与体育活动			
情意与合作 （100分）	1. 能自信参与体育学习与活动。 2. 在学习与活动中能克服困难。 3. 能控制自己的情绪，与同伴一起愉快地完成学习与活动。 4. 在学习与活动中遵守规则，能胜任所扮演的角色。 5. 在学习与活动中能帮助他人			
评价结果	得分	运动技能：	态度与参与：	情意与合作：
	评语			

3) 水平三阶段体育与健康乒乓球学习评价标准

表3-12 水平三阶段体育与健康乒乓球学习评价标准

评价维度	评价内容	评分标准				
			五年级		六年级	
		等级及分数	正手攻球 /次	反手攻球 /次	正手攻球 /次	反手攻球 /次
运动技能 （100分）	运动水平	优秀 90～100	≥30	≥30	≥40	≥40
	五年级:连续正反手攻球 六年级:连续正反手攻球	良好 80～89	25～29	25～29	30～39	30～39
		中 70～79	20～24	20～24	25～29	25～29
		及格 60～69	15～19	15～19	18～24	18～24
		不及格 59及以下	≤14	≤14	≤17	≤17
	技术水平	优秀 90～100	完成动作质量好：姿势正确，动作协调、优美、轻松，击球点、落点准确			
		良好 80～89	完成动作质量较好：姿势较正确，动作较协调、自然、轻松，击球点、落点较准确			
	连续正反手攻球	中 70～79	能够完成动作：姿势基本正确，击球点、落点基本准确，动作基本轻松、自然、协调			
		及格 60～69	勉强能够完成动作：姿势基本正确，击球点、落点基本准确，动作不够轻松、自然、协调			
		不及格 59及以下	不能完成动作：姿势不正确，动作紧张、不协调，击球点、落点不准确			

态度与参与（100分）	1. 课堂教学出勤情况。 2. 能遵守课堂纪律，听从指挥，保质保量完成练习。 3. 认真接受教师的指导，能主动讨论、交流。 4. 能积极改进自己的动作，为达目标而反复练习。 5. 能运用所学知识和技能参与体育活动
情意与合作（100分）	1. 能自信参与体育学习与活动。 2. 在学习与活动中能克服困难。 3. 能控制自己的情绪，与同伴一起愉快地完成学习与活动。 4. 在学习与活动中遵守规则，能胜任所扮演的角色。 5. 在学习与活动中能帮助他人
评价结果	得分　运动技能：　　态度与参与：　　情意与合作： 评语

4）水平四阶段体育与健康乒乓球学习评价标准

表 3-13　水平四阶段体育与健康乒乓球学习评价标准

评价维度	评价内容	评分标准				
		等级及分数	七年级		八年级	
			推挡球/次	发平击球成功率	正手发下旋球成功率	反手搓球/次
运动技能（100分）	运动水平	七年级：连续推挡球次数和发平击球成功率 八年级：正手发下旋球成功率、反手搓球次数	优秀 90～100	≥40	≥90%	≥80%	≥20
		良好 80～89	30～39	80%～89%	70%～79%	15～19
		中 70～79	25～29	65%～79%	55%～69%	10～14
		及格 60～69	18～24	50%～64%	40%～54%	5～9
		不及格 59及以下	≤17	≤49%	≤39%	≤4
	技术水平	发平击球、发下旋球、推挡球、搓球	优秀 90～100	完成动作质量好：姿势正确，动作协调、优美、轻松，击球点、落点准确，旋度强			
			良好 80～89	完成动作质量较好：姿势较正确，动作较协调、自然、轻松，击球点、落点较准确，旋度较强			
			中 70～79	能够完成动作：姿势基本正确，击球点、落点基本准确，动作基本轻松、自然、协调			
			及格 60～69	勉强能完成动作：姿势基本正确，击球点、落点基本准确，动作不够轻松、自然、协调			
			不及格 59及以下	不能完成动作：姿势不正确，动作紧张、不协调，击球点、落点不准确			

评价维度	评价内容		评分标准
态度与参与（100分）	1.课堂教学出勤情况。 2.能遵守课堂纪律，听从指挥，保质保量完成练习。 3.认真接受教师的指导，能主动讨论、交流。 4.能积极改进自己的动作，为达目标而反复练习。 5.能运用所学知识和技能参与体育活动		
情意与合作（100分）	1.能自信参与体育学习与活动。 2.在学习与活动中能克服困难。 3.能控制自己的情绪，与同伴一起愉快地完成学习与活动。 4.在学习与活动中遵守规则，能胜任所扮演的角色。 5.在学习与活动中能帮助他人		
评价结果	得分	运动技能：	态度与参与： 情意与合作：
	评语		

5）水平五阶段体育与健康乒乓球学习评价标准

表 3-14 水平五阶段体育与健康乒乓球学习评价标准

评价维度	评价内容	评分标准	
运动技能（100分）	搓球-正反手弧圈球-推攻球组合技术动作成功率	等级及分数	搓球-正反手弧圈球-推攻球组合技术动作成功率
		优秀 90～100	≥70%
		良好 80～89	60%～69%
		中 70～79	45%～59%
		及格 60～69	30%～44%
		不及格 59及以下	≤29%
	搓球-正反手弧圈球-推攻球组合技术动作	优秀 90～100	完成动作质量好；姿势正确，动作协调、优美、轻松，击球点、落点准确，旋度强
		良好 80～89	完成动作质量较好；姿势较正确，动作较协调、自然、轻松，击球点、落点较准确，旋度较强
		中 70～79	能够完成动作；姿势基本正确，击球点、落点基本准确，动作基本轻松、自然、协调
		及格 60～69	勉强能够完成动作；姿势基本正确，击球点、落点基本准确，动作不够轻松、自然、协调
		不及格 59及以下	不能完成动作；姿势不正确，动作紧张、不协调，击球点、落点不准确

续表

态度与参与 （100分）	1. 课堂教学出勤情况。 2. 能遵守课堂纪律，听从指挥，保质保量完成练习。 3. 认真接受教师的指导，能主动讨论、交流。 4. 能积极改进自己的动作，为达目标而反复练习。 5. 能运用所学知识和技能参与体育活动
情意与合作 （100分）	1. 能自信参与体育学习与活动。 2. 在学习与活动中能克服困难。 3. 能控制自己的情绪，与同伴一起愉快地完成学习与活动。 4. 在学习与活动中遵守规则，能胜任所扮演的角色。 5. 在学习与活动中能帮助他人
评价结果	得分　运动技能：　　　态度与参与：　　　情意与合作： 评语

2. 建议

（1）对乒乓球运动技能进行评价时，运动水平与技术水平可选一项进行评价，若两项均选，其权重可自行确定。运动水平可对照评分标准予以量化，还可尝试进步幅度评价，让学生能在学习中看到自己的进步。技术水平评价应注意对技战术运用能力的评价。

（2）要评价乒乓球学习的态度与参与、情意与合作，教师应认真做好学生上课出勤率记载，在注重课堂表现的同时，也要了解学生课外练习乒乓球的情况。可以通过学生自评、团队互评、教师点评，以及家庭反馈，实现家校结合，获取更为全面的评价信息。评价中应讲求实际，发扬民主，尊重各方意见，重视学生学习的自我分析。注意评价的激励作用，促使学生精益求精，不断努力提高。

3.5　体育课程一体化背景下中小学乒乓球教学课组织与管理

乒乓球教学是根据课程任务，向学生传授乒乓球基本理论知识，使学生掌握基本技术与战术，提高学生能力，对学生进行思想教育的过程。因此，教师不仅要具有较高的思想水平、一定的专业知识和教学技巧，而且必须具备组织教学和管理学生的能力。这样，教学活动才能按计划有序地进行，教师才能圆满完成教学任务，取得理想的教学效果。

3.5.1　教学管理的基本要求和手段

1. 基本要求

乒乓球课的教学由教师、学生、教材和教法手段四个要素构成。教师处于教学的主导地位，是课堂教学的主要管理者，因此教师必须掌握课程教学的基本要求。

（1）教师是管理者、教育者，教书育人工作应贯彻课堂的始终。

（2）严格管理，严而不死、活而不乱。一般来说，乒乓球课容易形成活跃的课堂气氛，容易激发学生的学习兴趣，这是有利于管理的一面。但教师必须把学生置于自己的管理之下,不可放任自流,要维护教学秩序和课堂常规,使学生自觉积极地在良好的教学环境中学习。

(3) 教师要认真备课,深入钻研教材,选择科学合理的教学方法和手段,严密组织教法,充分发挥教法手段在教学中的管理作用。

(4) 教师必须为人师表,以身作则。教师具有热爱学生、敬业、治学严谨、诲人不倦等优良职业素养,本身就为学生做出了榜样,更具有权威性,有利于做好教学管理工作。

2. 基本手段

课堂教学管理主要是通过课堂常规、课的结构、发挥班级组织作用等手段实现的。课堂常规是课堂管理的主要依据,健全完善的课堂常规,是使教学有条不紊进行的保证。

(1) 教师应高度重视课堂常规的管理功能,对学生的考勤、语言行为规范、着装、安全等方面的要求,必须按规定严格执行,并贯彻始终。教师也要严格遵守课堂常规对教师的规定和要求。

(2) 遵循课堂教学的规律。在课的准备部分、基本部分和结束部分提出不同的管理方面的要求,按课的结构顺序采取不同的管理措施,不可前后顺序颠倒,以免造成课堂混乱。对突发事件要采取果断有效的措施妥善处理。

(3) 充分发挥班干部和体育骨干的作用。班干部和体育骨干是教师进行课堂管理的得力助手,应精心培养他们,创造条件和机会来提高他们的组织管理能力,树立他们的威信,使其真正起到教师助手的作用。

3.5.2 乒乓球教学的组织形式

乒乓球教学的组织形式主要是课堂教学,包括实践课和理论课两种。实践课的基本教学手段是实际操作,即通过不同的练习去完成乒乓球技战术的学习;理论课则通过讲授,向学生传授乒乓球运动的基本理论和方法。

1. 实践课

实践课的结构由三部分构成,即准备部分、基本部分和结束部分。这三部分又是一个紧密联系的整体。实践课的各部分都有其各自的目的、任务、内容和组织方法。因此,教师必须根据课的任务和学生的实际情况,选择适宜的练习手段,提出明确的要求。

1) 准备部分

目的:使学生尽快从生理上、心理上进入教学过程,为顺利地完成基本部分和全课的任务做好准备。

任务:组织学生,使学生明确课的具体任务,集中注意力,使学生的神经系统、内脏器官和各肌肉群迅速进入工作状态,适当兼顾身体素质和机能的发展。

内容:整队,体育委员或值日生向老师报告出席人数,教师做好考勤记录,讲解本课的内容、任务和要求,检查服装,布置见习学生的任务;要求学生集中注意力练习,做乒乓球操和活动性游戏,进行乒乓球的专门性练习等。

组织方法:一般采用集体活动形式,教师要善于引导和鼓励学生。准备部分的练习应全面、具有针对性。准备活动的时间一般是 8~10 min,根据学生的身体情况、气候条件等,可略作增减。

2) 基本部分

目的:使学生形成、改进和巩固乒乓球技术和战术能力,发展其身体素质,培养其优秀道德品质。

任务：根据教学进度安排，使学生掌握和改进规定的乒乓球技术或战术，提高理论水平，增强乒乓球意识，发展身体素质，培养意志品质。

内容：根据教学进度，围绕本课教学内容和任务，选择适宜的练习方法，提高学生的技术、战术水平和实战能力等。

组织方法：集体或分组练习。一般来讲，先学习新内容，然后再复习旧内容。也可以根据教学进度，先安排复习内容，然后引入新内容；教学比赛或发展身体的练习应安排在基本部分的结束之前。组织教法要注意课与课、练习与练习之间的联系，循序渐进，由简到繁。教师要善于观察，用改变练习形式、增减练习次数、讲解示范与练习结合等，来提高或降低练习的密度和强度，从而调整学生的运动负荷。基本部分是课的主要部分，活动时间应在 30 min 左右。

3) 结束部分

目的：有组织地结束教学活动。

任务：使学生逐渐地恢复到相对安静状态，教师简要地进行课的小结、布置课外作业等。

内容：根据最后一个学习内容，选择一些逐步降低运动负荷的练习，如放松跑、按摩肌肉、拉伸韧带、冥想练习等。然后进行课的小结与评价、布置课外作业、预告下次课的内容等。

组织方法：一般采用集体形式。讲评时要求队伍整齐，表扬与批评相结合，恰当地评价课堂学习情况，激发学生学习的积极性，也可以重点指出练习中普遍存在的错误及纠正方法，以利于学生课后练习。结束部分的时间应在 5 min 左右。

2. 理论课

理论课一般在教室里进行。在乒乓球教学中，理论课的比例虽然远小于实践课，但是系统的理论讲授可以使学生在实践中获得的感性认识迅速上升到理论，促进学生乒乓球技术、战术水平和实际能力的提高。理论课根据课的内容，除了传授基本乒乓球理论知识外，还要培养学生欣赏乒乓球比赛的能力，使学生形成乒乓球终身体育观念，对学生进行爱国主义教育、遵纪守法教育、集体主义教育、艰苦奋斗教育等，促进学生全面素质的发展。教师要认真编写讲授纲和讲稿，安排好每一个讲课步骤，利用讲授、提问、讨论、答疑等形式，使理论课生动活泼。

3.5.3 学习成绩的考核

学习成绩考核是教学工作的组成部分，也是教学管理的重要内容。根据《体育与健康课程标准》所规定的考核内容和办法，在教学结束时要进行考核。

1. 考核的内容

乒乓球课程主要根据《体育与健康课程标准》所规定的考核范围和方式，参照对不同年级、不同教学阶段的要求，选择那些最基本的理论知识、基本技术和基本战术作为考核内容，如乒乓球的反手推挡球技术、正手攻球技术、正手发平击球技术等。

2. 考核的方法

1) 技术、战术考核的方法

(1) 达标测试：根据学生完成技术动作的速度、准确性，运用统计学原理制定评分标准,可以采用十分制或者百分制。例如对七年级学生推挡球技术的考核,以连续推挡的次数为标准打分,次数多者得分高(见表3-15)。

表3-15　七年级学生推挡球技术测试评分参考

男生/个	女生/个	得分
40	35	10
35	30	9
30	25	8
25	20	7
20	15	6
15	12	5
10	9	4
7	7	3
5	5	2
3	3	1

(2) 技术评定:根据学生完成技术动作的质量进行评分。考核前把所考核的技术、战术按动作结构分为若干环节,根据各动作环节完成的情况予以评分。评分标准可以用十分制或百分制,也可以用等级制,最后转化为具体分数。表3-16列出的是对七年级学生推挡球技术的评定。

表3-16　七年级学生推挡球技术评价标准

动作完成情况	等级	得分
完成动作质量好:姿势正确,动作协调、优美、轻松,击球点、落点准确	优	10
完成动作质量较好:姿势较正确,动作较协调、自然、轻松,击球点、落点较准确	良	8~9
能够完成动作:姿势基本正确,击球点、落点基本准确,动作基本轻松、自然、协调	中	6~7
勉强能够完成动作:姿势基本正确,击球点、落点基本准确,动作不够轻松自然、协调	差	低于6

(3) 比赛评定:主要是通过比赛的方法考核学生技术、战术的运用能力。为了客观地反映学生的实践能力和技战术水平,可以进行常规技术统计,根据统计数据加以评定。

考核可采用上述三种方法中的一种方法,也可以采用达标测试和技术评定相结合的方法,或同时采用上述三种方法。采用何种方法,要根据考核对象、考核目的的不同而有所区别。

2) 理论考核的方法

笔试:笔试可以分为闭卷和开卷两种。闭卷主要用于考核需记忆的基本理论知识,适用于低年级;开卷主要用于考核学生分析和解决问题的能力,适用于高年级。

3.6　思　考　题

1. 简述一体化课程的概念及乒乓球课程在一体化背景下的教学设计理念。

2. 体育课程一体化背景下,有哪些乒乓球专项课常用教学方法?
3. 单元教学计划制定包括哪些内容?
4. 课时教学计划制定包括哪些内容?
5. 简述你所教学段的乒乓球教学内容、内容要求和质量要求。
6. 请制定你所教学段的乒乓球教学评价标准。

本章参考文献

[1] 刘建和.乒乓球教学与训练[M].北京:人民体育出版社,2004.
[2] 《球类运动》编写组.球类运动(乒乓球、手球、垒球、羽毛球)[M].北京:高等教育出版社,2006.
[3] 刘建和.乒乓球[M].北京:人民体育出版社,2006.
[4] 季浏,钟秉枢.普通高中体育与健康课程标准(2017年版)解读[M].北京:高等教育出版社,2018.
[5] 杨文轩,季浏.义务教育体育与健康课程标准(2011年版)解读[M].北京:高等教育出版社,2012.
[6] 人民教育出版社课程教材研究所体育课程教材研究开发中心.义务教育教科书教师教学用书.体育与健康.1至2年级.全一册[M].北京:人民教育出版社,2012.
[7] 人民教育出版社课程教材研究所体育课程教材研究开发中心.义务教育教科书教师教学用书.体育与健康.3至4年级.全一册[M].北京:人民教育出版社,2012.
[8] 人民教育出版社课程教材研究所体育课程教材研究开发中心.义务教育教科书教师教学用书.体育与健康.5至6年级.全一册[M].北京:人民教育出版社,2012.
[9] 人民教育出版社课程教材研究所体育课程教材研究开发中心.义务教育教科书教师教学用书.体育与健康.七年级.全一册[M].北京:人民教育出版社,2012.
[10] 人民教育出版社课程教材研究所体育课程教材研究开发中心.义务教育教科书教师教学用书.体育与健康.八年级.全一册[M].北京:人民教育出版社,2012.
[11] 人民教育出版社课程教材研究所体育课程教材研究开发中心.普通高中教科书教师教学用书.体育与健康.必修.全一册[M].北京:人民教育出版社,2019.
[12] 王崇喜.球类运动——足球[M].北京:高等教育出版社,2005.
[13] 黄汉升.球类运动——排球[M].北京:高等教育出版社,2005.
[14] 王家宏.球类运动——足球[M].北京:高等教育出版社,2005.

第 4 章
体育课程一体化背景下中小学乒乓球技战术教学能力培养

本章从动作方法、动作要领、教学顺序、练习方法四个方面展开论述,旨在帮助学生提升乒乓球技战术教学能力。重点介绍握拍法、准备姿势与步法、发球与接发球、推挡球、攻球、搓球、削球、弧圈球、发球抢攻、对攻、拉攻、搓攻等乒乓球基本技战术教学与训练理论方法,还分析了乒乓球技术学习中常见错误动作,以及纠正错误动作的方法,帮助未来的体育教师学会怎么指导学生学习,怎么做到"学会""勤练""常赛",让学生更好地掌握乒乓球技战术,并应用于比赛实战,以达到锻炼身体、娱乐身心、锤炼意志的教育目的。本章学习主要目标:了解中小学各水平应学习的乒乓球技战术相关内容;掌握乒乓球技战术动作学习要领、练习方法、比赛应用及评价方法,以及纠正乒乓球技术错误动作的方法与措施。

4.1 体育课程一体化背景下中小学乒乓球技战术内容安排

乒乓球属于技能主导类执拍隔网对抗项目,在乒乓球比赛中,技术因素占据不可替代的主导地位。技术学习越全面,基础越扎实,战术才会执行得更好。技术是战术的基础,战术是由各项技术组成的。而在中小学阶段,根据学生身体及心理发展规律,乒乓球学习以基本技术学习为主,比赛战术学习为辅。参考 2011 版义务阶段《体育与健康课程标准》和 2017 版普通高中《体育与健康课程标准》中学习目标及内容,再结合体育课程一体化和乒乓球动作技能形成规律等相关知识,把乒乓球基本技战术分别安排到中小学各个水平阶段进行学习,让学生更全面、系统地掌握乒乓球技能,如表 4-1 所示。

表 4-1 中小学体育与健康各水平阶段乒乓球的技战术内容安排

水平	乒乓球技术	乒乓球战术
水平一	1. 握拍法 2. 熟悉球性	无
水平二	1. 准备姿势 2. 正手发平击球 3. 反手发平击球 4. 推挡球 5. 正手攻球	无

续表

水平	乒乓球技术	乒乓球战术
水平三	1. 正手攻球 2. 反手攻球 3. 正手削球 4. 反手削球	发球抢攻战术
水平四	1. 正手发平击球 2. 反手推挡球(加力推、减力挡) 3. 单步、跨步的脚步移动 4. "发球-推挡球"组合技术 5. 正手攻球(中远台、力量) 6. 正手发下旋球 7. 反手搓球技术 8. "发下旋球-搓球""发平击球-移动连续正手攻球"组合技术	1. 发球抢攻战术 2. 接发球战术 3. 对攻战术
水平五	1. 正手攻球 2. 正手发左侧上(下)旋球 3. 反手搓球技术 4. 正手弧圈球 5. 反手弧圈球 6. 正手扣杀高球 7. "发平击球-移动连续正、反手攻球""发下旋球-搓球""发下旋球-搓球-正、反手弧圈球""发下旋球-搓球-正、反手弧圈球-连续正、反手攻球"等结构化的组合技术	1. 发球抢攻战术 2. 接发球战术 3. 对攻战术 4. 搓攻战术 5. 拉攻战术

4.2 体育课程一体化背景下中小学乒乓球技术教学与实践

从表4-1中的技术内容安排情况可知,乒乓球技术可以归纳为握拍法与熟悉球性、准备姿势与步法、发球与接发球、推挡球、攻球、搓球、削球、弧圈球八大类。乒乓球技术教学与实践内容将分别从动作方法、动作要领、教学顺序、练习方法四个方面开展论述,重点论述教学顺序及练习方法,以实现教师知道怎么去教、学生知道怎么去练的教学目标。

4.2.1 握拍法与熟悉球性

1. 握拍手法

握拍是入门的第一步,握拍的好坏,对技术有一定的影响,因为它与手臂及手腕的动作有着密切关系。

1) 直拍握法

直拍握法像人们握钢笔写字一样,以食指第二指节和拇指第一指节在拍的前面构成一个钳形,两指间距离1~2 cm,拍柄贴住虎口,拍后三指自然弯曲重叠,以中指第一指节贴于拍三分之一的上端(见图4-1)。直拍握法的特点是容易上手,手腕灵活,发球变化多,但反手攻球力量小,对步法和移动要求较高。

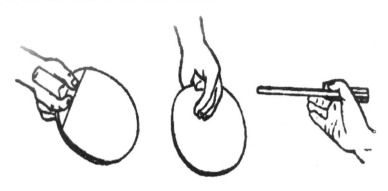

图4-1　直拍握法

2) 横拍握法

横拍的一般握法如握手一样,中指、无名指、小指握拍柄,虎口贴住拍肩,拇指略弯曲捏拍,在球拍的正面贴在中指旁边,食指斜伸在拍的另一面(见图4-2)。横拍握法在正手攻球时食指用力,也可将食指稍向上移动;反手攻球或快拨时拇指用力,也可将拇指稍向上移动(见图4-3)。正、反手削球时,手指基本不动。横拍握法的特点是正、反手攻球力量大,能灵活掌握球的旋转,攻防均衡,对攻时略强于直拍握法。横拍握法需要较大的力量和灵活的手臂动作转换。

图4-2　横拍握法　　　　　　　图4-3　横拍握法攻球

3) 握拍注意事项

首先,握拍不能太深或太浅。直握拍时,食指和拇指构成的钳形不能过大或过小,以免影响手腕动作的灵活性和击球的发力。其次,不论是直握还是横握,在准备击球时或将球击出后,握拍都不宜过紧或过松。过紧会使手腕僵硬,影响球的飞行弧线;过松则因拍面摇动,影响发力和击球的准确性。最后,握拍关键在于手指能灵活地调节拍面角度,提高击球命中率。因此,要反复体会各手指调节拍面角度的动作和力度。

2. 熟悉球性

对于乒乓球初学者,特别是小学低年级的学生来说,必须重视熟悉球性和增加球感,以一些最基本、最简单的持球拍托球、颠球的体验和熟悉球性的活动进行练习。

1) 端球比稳游戏

动作方法:保持自然站立姿势,手持球拍让乒乓球在球拍上平稳不掉落(见图4-4)。

动作要领:持球拍呈水平状,端球平稳,注意力集中在乒乓球上。

教学顺序及练习方法如下:

(1) 每人一球一拍,握拍方法不限,原地站立,将球放在球拍上,体验平稳端球的感觉。

（2）原地站立，尝试让乒乓球在球拍上慢慢地滚动，注意寻找平衡点，调整球拍，让球不掉落。

（3）教师或学生可从端球开始大声计数，使学生了解自己平稳端球的时间。

（4）集体原地端球练习，教师每 10 s 或 20 s 计时发令，看谁平稳端球时间长。

（5）在直径 2 m 的圈内，先尝试在圈内原地踏步端球练习，再在圈内做换方向移动端球练习，学生自己计数，了解自己平稳端球的时间。

（6）两人或多人一组，一人一圈，在相距 1 m 的圆圈之间，做依次互换位置的端球练习，相互交流、评价和鼓励。

（7）分组游戏，相距 3~5 m 的距离，进行端球接力的练习。提高控球能力，培养学生的合作意识和细致认真的学习态度。

2）颠球比多游戏

动作方法：保持自然站立姿势，直握或横握球拍，将球拍平放于体前，另一手将球轻轻抛起，当球下落接近球拍时，用球拍轻轻向上颠球，如此反复进行（见图 4-5）。比一比，看谁颠球次数多、颠球时间长。

图 4-4　端球　　　　　　　　　　图 4-5　颠球

动作要领：球拍端平，垂直颠球，用力均匀。

教学顺序及练习方法如下：

（1）学生初次颠球时因用力不均匀，控制不住，会出现到处捡球的现象。建议用细线编织一个小网兜，将球装在里面，练习持绳颠球，这样可减少捡球。待基本能控球后再去掉网兜练习颠球。

（2）原地颠球计时、计数练习，学生在规定时间，如 20 s 内自颠自数，也可两人一组协作练习，以提高控球能力和增加练习兴趣。

（3）学生在具备一定控球能力后练习颠高球、颠低球、颠高低交替的球，不断提高控球技能。

（4）进行原地颠球比多小游戏，可两人一组比赛，也可进行小组个人的颠球数累加比赛。针对比赛结果，同伴、小组长或教师要及时做出评价，不仅要针对颠球次数，还要针对颠球结果进行评价。

(5) 先尝试原地踏步颠球练习,再进行移动颠球练习。

(6) 两人一组,相距 3 m 左右距离做相互换位的颠球练习,同伴间互相提示和帮助,并进行相互评价。

(7) 行进间颠球比多、比快,可两人一组比赛,也可小组多人比赛。

(8) 迎面颠球接力游戏,游戏中注意培养团结合作的精神。

3) 击接墙面反弹球游戏

动作方法:自然站立,或左脚在前、右脚在后。左手掌心托球于身体右前方,右手握拍于体右侧;抛球后,右手挥拍向前上方将球击向墙壁;当球弹回的瞬间,将球再击向墙壁,如此连续进行(见图4-6)。

动作要领:把握击球时机及对力量的控制。

教学顺序及练习方法如下:

(1) 用球拍连续击接由墙面落到地面的反弹球。可个人练习,也可几人一组共同练习。练习时,可大声数出自己击接反弹球的次数,激发练习兴趣。

(2) 距墙适当距离,尝试练习击接墙面反弹球。

(3) 分组进行击接墙面反弹球比多游戏,累加小组每人击接反弹球的次数并进行评比,培养学生团结协作精神和集体荣誉感。

4) 双人对接地面反弹球游戏

动作方法:两人配合练习,一人抛球落在地面反弹后,将球推托给对方,球落在对方场地弹起后,对方再将球回推过来,如此反复练习(见图4-7)。

图 4-6　击接墙面反弹球　　　　　　图 4-7　双人对接地面反弹球

动作要领:球落地反弹后迅速击给对方,击球的中下部。

教学顺序及练习方法如下:

(1) 先单独练习将反弹球打过距自己 1 m 远的中线,体会向斜前方推送球的动作。此练习应选择在木板、水泥地面上进行。

(2) 两人一组,进行近距离的对接地面反弹球练习,可用绳或砖块等简单器材摆出中线标志。开始练习时,可允许球在本方地面反弹两次再将球打给对方,以便让学生判断接球的时机。

(3) 两人一组,练习近距离的对接地面反弹球游戏。要求球只能在本方地面反弹一次就回打给对方,可让球有一定的高度和远度,易于对方接打。

(4) 可多人一组,采用比赛的形式相互观摩练习,如每人打 3 次球,依次轮流进行。

(5) 分若干场地练习。两组一块场地,分别迎面各自排在场地一端。一方从排头开始将反弹球打给对方,而后迅速排到本方排尾;对方照此方法将球打回,依次连续进行。

4.2.2 准备姿势与步法

1. 准备姿势

准备姿势是指击球员准备击球时身体各部位的姿势。运动员在每一次击球之前,均应当使身体保持合理正确的基本姿势,有利于腿脚蹬地用力和腰、躯干各部位的协调配合与迅速起动。

动作方法:两脚平行站立,略比肩宽,身体稍向右侧,面向球台。两膝微屈并内旋,前脚掌内侧着地,提踵,重心置于两脚之间。上体略前倾,含胸收腹,注视来球。执拍手和非执拍手均应自然弯曲置于体侧,前臂、手腕、手指自然放松,使拍面呈半横状置于腹前。

动作要领:两膝微屈,前脚掌着地,后脚跟虚着地,重心置于两脚之间,上体略前倾,含胸收腹,注视来球。

2. 步法

步法是击球的基本环节之一。比赛中每一次击球都需要通过步法移动来选取合适的击球位置。步法移动是争取主动、摆脱被动的重要方法。快速而灵活的步法,不仅能保证运动员正确的击球动作,而且能提高击球的准确性。

1) 动作方法与要领

乒乓球步法包括单步、跨步、跳步、并步和交叉步五种。

单步指以一只脚为轴,另一只脚向前、后、左、右不同的方向移动一步,身体重心也随之落到移动脚上(见图4-8)。其要领是单脚跨步,跟重心。跨步指以一只脚向前、后或左、右不同的方向跨出一大步,身体重心随即移到跨步脚上,另一只脚也迅速地滑动半步跟过去(见图4-9)。其要领是一脚跨步,一脚跟,重心转换。

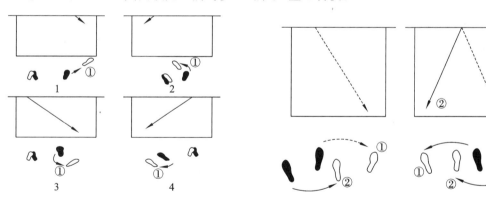

图 4-8 单步　　　　　　　　　图 4-9 跨步

跳步指以来球异方向的脚用力蹬地为主,使两脚同时或几乎同时离地向来球的方向跳动,蹬地脚先落地,另一只脚跟着落地站稳(见图4-10)。其要领是双脚同起同落,有腾空,重心要稳。并步的移动方法基本上和跳步相似,只是不作腾空的跳动。移动时,先以来球异方向的脚向同方向的脚并一步,然后同方向的脚再向来球方向迈一步(见图4-11)。其要领是一脚并步,一脚移动,无腾空,重心稳。交叉步先以靠近来球方向的脚作为支撑脚,使远离来球的脚迅速向前或左、右不同的方向跨出一大步,而原作为支撑的脚跟着前脚的移动方向再迈一步(见图4-12)。其要领是一脚前、后交叉步,一脚蹬地转腰跨大步,跟重心。后交叉步正相反。

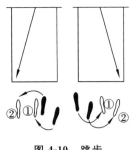
图4-10 跳步

图4-11 并步

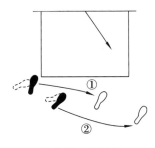
图4-12 交叉步

2) 教学顺序与练习方法

教学应该从单个步法的练习到多个步法的综合练习,从无球的徒手练习到有球的练习,从简单的步法练习到复杂的步法练习。如:单个步法的徒手练习—综合步法的徒手练习—单个步法的有球练习—综合步法的有球练习。

具体练习方法如下:

(1) 徒手集体练习准备姿势和单个步法。

(2) 站在台后结合挥拍动作做步法练习。

(3) 两人面对面站立做步法练习,互相观察,纠正错误动作。

(4) 两人面对面分别站在台后,徒手做步法移动的速度比赛(计时30 s或1 min,次数多者为胜)。

(5) 按各种发球(长、短球)做步法练习。

(6) 安排有规律到无规律的回击各种来球,进行步法练习。

(7) 在连续击球中,练习各种步法的组合,如推挡-侧身攻-扑右等。

3) 注意事项

移动时,上体要略微前倾,两膝自然弯曲,前脚掌着地,使下肢富有弹性,随时都能迅速起动。身体重心是位移的关键,需注意身体重心的迅速转移。要养成及时移重心的习惯。支撑重心的腿,能做奔腾跳跃的动作,却不能做抬腿移步的动作,非支撑重心的腿却正好相反,及时地移重心有助于移动。步法移动需要根据来球进行及时调整,步法练习要同判断来球有机地联系起来,这样才能有效地提高步法移动的准确性。

4.2.3 发球

发球是一项重要的基本技术。它不受对方的制约,可以选择最合适的站位,按自己的战术意图把球发到对方球台的任何位置上去,用以压制对方的进攻,为自己发球抢攻创造有利条件。发球发得好,还能在比赛中引起对方心理上的紧张,甚至能使对方接球失误。

1. 动作方法

1) 发平击球

正手发平击球时,右脚稍后,身体稍向右转,左手掌心托球,置于体前偏右侧,右手持拍,置于身体右侧。当球向上抛起时,右臂稍向后引拍,接着从身体右后方向前挥拍,在球降至近于网高时击球,拍面稍前倾触球中上部。反手发平击球时,右脚在前,身体稍向左转,引拍至身体左侧。球向上抛起后,右手持拍从身体左后方向前挥拍,拍面稍前倾,在球降至近于网高时,击球中上部。正手发平击球如图 4-13 所示。

图 4-13 正手发平击球

2)正手发左侧上(下)旋转球

右脚在后,抛球时,持拍手向右上方引拍,手腕略向外展。当球下落时,手臂迅速向左下方挥动,在与网同高时触球,触球瞬间手腕快速向左上方转动,使球拍从球的中部偏下向左上方摩擦(见图 4-14)。发左侧下旋球时,手腕快速向左下方转动,使球拍从球的中下部向左下方摩擦(见图 4-15)。

图 4-14 正手发左侧上旋球

图 4-15 正手发左侧下旋球

3)反手发右侧上(下)旋转球

右脚在前,持拍手向左上方引拍,拍柄略向下。抛球后,当球下落时,前臂和手腕同时发力,向右下方挥拍,在与网同高时击球,触球瞬间手腕向右上方转动,使拍从球的中部略偏下向右上方摩擦(见图 4-16)。发右侧下旋球时,手腕向右下方转动,使拍从球的中下部向右下方摩擦(见图 4-17)。

4)正手发转与不转球

图 4-16　反手发右侧上旋球

图 4-17　反手发右侧下旋球

右脚在后,前臂向后上方引拍,拍面略后仰。抛球后,待球下落时前臂迅速向前下方挥动并略外旋,手腕用力转动使拍面后仰角度大些,约与网同高时击球,摩擦球的中下部(见图 4-18)。发不转球时,手臂向前下方挥摆时,前臂外旋与手腕的转动要慢,或外旋后在触球瞬间略有内旋,使拍面后仰角度小些,用球拍下部偏右处向前撞击球,减小向下的摩擦力(见图 4-19)。

图 4-18　正手发转球

2. 动作要领

上述 4 类发球动作要领如下。

(1) 发平击球:前臂与手腕配合向前下方发力击球,击球后的第一落点应落在本方球台中段。

(2) 正手发左侧上(下)旋转球:发左侧上旋球时,前臂由右向左上方挥动,使球拍从球的中部略偏下向左上方摩擦;发左侧下旋球时,前臂由右向左下方挥动,使球拍从球的中下部向左下方摩擦。手腕要配合发力。

(3) 反手发右侧上(下)旋转球:发右侧上旋球时,前臂由左向右上方挥动,触球中部

图 4-19　正手发不转球

略偏下向右上方摩擦；发右侧下旋球时，拍面稍后仰，从球的中下部向右下方摩擦。充分利用手腕转动来配合前臂发力。

（4）正手发转与不转球：发转球时，前臂与手腕配合发力，摩擦球的中下部；发不转球时，减少拍面后仰角度，并稍加前推力量。

3. 教学顺序与练习方法

对初学者来说，发球学习也应遵循先易后难的原则。先学习发平击球，后学习发左、右侧上、下旋球，在此基础上进一步学习用相似手法发不同性能的球。在发球线路上，应先练习发斜线球，后练习发直线球。在落点上，先不定点后要求定点（发到各个不同的区域里）。

具体练习方法如下：

（1）抛球练习，要求将球垂直抛起，然后接住，练习抛球的稳定性。

（2）进行无球摆臂挥拍动作练习，注意转身后的引拍动作。

（3）不限制落点的发球完整动作练习。先要求发斜线球，再发直线球，注意抛球的高度及稳定性，把握好击球时机。

（4）限制落点的发球完整动作练习。在对方台面划分出"田"字格样四块区域，要求发球落点分区域。

（5）两人一组合作练习，一人发球，另一人体验接发球动作，组内轮换练习。

（6）发球竞赛：分小组，组内进行"发球比稳"竞赛，选出发球成功率高的同学参加组间的"发球比准"竞赛。

4. 注意事项

发球一定要严格遵守竞赛规则；发性能不同的球时，动作要相似，借以迷惑对方；发球要配套精练并与自己的打法特点和抢攻紧密结合起来；发球应把旋转、速度、落点融为一体，针对不同对手要善于变化。

4.2.4　接发球

乒乓球比赛是从发球与接发球开始的，一局比赛中发球与接发球各占一半。如果接发球接得好，就能控制对方的进攻，从而变被动为主动。接发球技术的运用，首先应根据自己的打法特点和来球的性能进行判断，然后决定回接的方法。通常采用的有推、搓、削、拉、攻等技术。接发球时，应根据发球方的位置适当调整自己的基本站位。如对方站在球台右角发球，则自己的站位应该偏右些，因为来球到右方的角度比较大；反之，则偏左。接发球的站位还要与自己的打法特点结合起来。接发球应与发球教学结合起来进行,同时学习发球与接发球。练习时应先用固定的技术接单一发球,到用不同技术接各种不同性能、落点的来球,在此基础上再来研究控制落点的变化。一般的步骤是:用推挡或攻球回接平击球和左、右侧上旋球,先定点定线,后不定点不定线;用搓球回接左、右侧下旋球;用攻或搓球回接各种不同性能的来球;用不同的技术回接各种不同落点的来球;用正手(侧身)拉或攻回接各种不同性能的来球;用记分比赛的方法,提高接发球的技术水平。

4.2.5 推挡球

推挡是我国运动员的独特打法,它具有站位近、动作小、速度快、变化多的特点。在对攻中常用快速推压,结合力量、落点和旋转变化牵制对方,为正手攻和侧身攻创造有利条件;在被动时,推挡可以起到积极防御的作用。

1. 动作方法

推挡技术包括平挡球、减力挡和加力推。

(1) 平挡球:两脚平行站立或右脚稍后,身体靠近球台。击球前,两膝微屈,稍含胸收腹。击球时,前臂由后向前伸球拍,拍触球时,拍面与台面近乎垂直,在来球的上升期击球的中部,借助对方来球的反弹力将球挡回。击球后,迅速还原动作,准备下一次击球。反手平挡球如图 4-20 所示。

图 4-20 反手平挡球

(2) 减力挡:站位与平挡球相同。击球时,在触球瞬间,手臂前移的动作骤然停止,并调节好拍面角度,把球拍轻轻后移,以削减来球的反弹力。击球后,迅速还原动作(见图 4-21)。

(3) 加力推:击球前,前臂上提,球拍后引,肘部贴近身体,拍面前倾。在来球上升后期或高点期击球中上部,触球瞬间用力推压并配合转腰加大推压力量。击球后,手臂随势前送(见图 4-22)。

2. 动作要领

三种推挡球的动作要领如下:

(1) 平挡球:球拍横状立,手臂前伸迎球,在来球的上升期击球中部,借来球反弹力将球挡回。

(2) 减力挡:向前迎球,拍面前倾,身体重心略升高。拍触球时手臂和手腕要稍向后收。

(3) 加力推:引拍时,拍面角度要固定,推压时中指要顶住拍背向前用力。

图 4-21　反手减力挡

图 4-22　反手加力推

3. 教学顺序与练习方法

对初学者,应该先以挡球游戏的方式进行教学,例如,对墙面推挡触地反弹球、两人对推地面反弹球。针对有一定基础的学生,可以从徒手模仿动作到有球的挡球练习,从台上没有球网的推挡练习到有球网的练习,从原地定点定线的推挡练习到不定点不定线的练习,从平挡球到加力推和减力挡,从单一的推挡球练习到结合正手攻球的推攻球练习,从对挡球到推挡球接力比赛。

具体练习方法如下:

(1) 挥拍模仿动作练习,体会动作要求。

(2) 台上中路挡球练习。

(3) 左半台反手斜线挡球练习。

(4) 正、反手两点对一点挡球练习。

(5) 挡球与快推结合练习。

(6) 挡球、快推、加力推、减力挡结合练习。

(7) 在初步形成正确击球动作的基础上,可安排斜、直线单项对推记分比赛。

(8) 推挡与攻球结合练习,如一攻一推或一方推挡变线,另一方左推右攻。

(9) 多球练习法:一人发多球,一人练习推挡球。发球可以控制力量、落点、节奏快慢等因素。提高课堂的练习密度和运动量。

(10) 比赛训练法：结合所学发球、推挡球技术动作，进行简化规则的乒乓球比赛。

4.2.6 攻球

攻球是乒乓球技术中最重要的基本技术之一，是进攻型选手在比赛中争取主动、克敌制胜的主要手段。攻球可分为正手攻球、反手攻球。

1. 正手攻球动作方法与要领

1) 动作方法

正手攻球包括正手近台攻球、正手中远台攻球、正手台内攻球。

(1) 正手近台攻球：直拍正手近台攻球时身体靠近球台，右脚稍后，两膝微屈，上体略前倾。击球前，引拍至身体右侧呈半横状，上臂与身体约成35°角，与前臂约成120°角。当球从台面弹起时，手臂由右侧向左前上方迅速挥动，以前臂发力为主。击球时，食指放松，拇指压拍，使拍面前倾并结合手腕内转动作，在来球上升期击球中上部。横拍正手近台攻球时，前臂和手腕成直线并与台面接近平行，拍柄略朝下。击球的时间、部位、拍面角度及手臂挥动方向，基本上与直拍相似。正手近台攻球如图4-23所示。

图4-23　正手近台攻球

(2) 正手中远台攻球：右脚在后，重心在右脚，身体离台1 m左右或更远些。击球前的准备姿势与正手近台攻球时的相似，但动作幅度稍大些。击球时上臂稍向后拉，带动前臂和手腕向左前上方挥动，在来球下降前期或后期击球的中部或中下部，击球后重心前移(见图4-24)。

图4-24　正手中远台攻球

(3) 正手台内攻球：站位靠近球台。接右方近网短球时，右脚迅速向右前方跨出一步,上体略前倾,贴近球台,同时迅速将球拍伸进台内。待球跳至高点期时,前臂内旋结合手腕转动进行击球。若来球上旋,则食指应放松,拇指压拍,使拍面稍前倾,击球中上部,击球时前臂和手腕以向前发力为主;若来球下旋,则拍面角度稍后仰,击球中下部,前臂和手腕向上向前发力(见图4-25)。

图 4-25　正手台内攻球

2) 动作要领

各技术动作要领如下:

(1) 正手近台攻球:前臂发力为主,配合转腕动作,向前上方挥拍,在来球上升期击球中上部。

(2) 正手中远台攻球:上臂带动前臂发力,在触球瞬间加快前臂的挥拍速度并配合转腕动作,在来球下降期击球中部或中下部。

(3) 正手台内攻球:根据来球性能、高度,调节拍面角度,打出合适的弧线。应以手腕发力为主,前臂配合用力击球。

2. 反手攻球动作方法与要领

1) 动作方法

反手攻球包括反手近台攻球、反手中远台攻球、反手台内攻球。

(1) 反手近台攻球:直拍反手近台攻球时,身体靠近球台,两脚平行开立。击球前,引拍至腹前左侧,肘关节略前出,上臂和前臂约成100°,拍柄稍向下。击球时,上臂贴近身体,前臂外旋向右前上方挥动,配合转腕动作,使拍面略前倾,在来球的上升期击球中上部。击球后,随势将拍挥至右肩前。横拍反手近台攻球,两脚平行开立,上体稍前倾,肘关节自然弯曲,上臂与前臂约成100°,前臂与手腕几乎成直线,拍柄稍微向下,球拍置于腹部左前方。击球时,前臂向右前上方挥动,在来球的上升期击球中上部,触球时手腕向外转动(见图4-26)。

(2) 反手中远台攻球:右脚稍前,身体略向左转,重心放在左脚,离台1 m左右或更远些。击球前,上臂贴近身体,肘关节自然弯曲,引拍至左后方略偏下。击球时,上臂带动前臂向右前上方迅速挥动,拍面近乎垂直,在来球的下降前期或后期击球的中部或中下部。击球后,球拍随势挥至头部,重心移至右脚(见图4-27)。

(3) 反手台内攻球:站位靠近球台,来球在左方近网位置时,右脚立即向左前方跨出一步(若来球为左方大角度的短球,也可上左脚),上体略前倾,迅速将拍伸进台内,拍柄稍向下。当球跳至高点期时,运用前臂外旋和手腕转动的力量击球。若来球上旋,则击

图 4-26　反手近台攻球

图 4-27　反手中远台攻球

球时食指压拍使拍面前倾,击球的中上部,向前发力多些;若来球下旋,则击球时拍面略后仰,击球的中下部,向上用力多些(见图 4-28)。

图 4-28　反手台内攻球

2)动作要领

各技术动作要领如下:

(1)反手近台攻球:以前臂发力为主,以肘为轴,由后向右前上方挥拍,手腕外转配合发力并控制好弧线,在来球的上升期击球中上部。

(2)反手中远台攻球:以上臂带动前臂发力,控制好拍面角度,向右前上方挥拍,在来球的下降期击球中部或中下部。

(3)反手台内攻球:前臂以肘为轴,由后向前挥动,手腕发力,根据来球性能、旋转强度和弹起高度,调节拍面角度,决定击球部位。

3. 教学顺序与练习方法

先学习近台攻球,基本上掌握动作之后,再学习中台攻球、拉球、扣杀等,并在此基础上进一步学好其他攻球技术。一般按照先斜线后直线,先单线后复线,先单个动作后综合动作的练习顺序进行教学。

练习方法如下:

(1) 徒手模仿动作练习:教师要反复观察每一个学生的动作,逐个纠正,使之掌握正确挥拍动作。

(2) 单个动作练习:如规定一人发平击球,另一人练习攻球,打一板后再重新发球。

(3) 推攻练习:

①一挡,一攻,力量先轻再中等,先近台后中远台。

②一快推,一攻,定点定线。

③结合步法练习的推攻(综合技术),如左推右攻,对推中侧身攻以及推、侧、扑等(上述练习均应从有规律到无规律)。

④两点对一点或多点对一点的连续攻球。要求攻球者在左右移动中练习。移动范围由小到大,落点从有规律到无规律。

(4) 对攻练习:右半台正手对攻斜线球、正手对攻直线球、左半台侧身正手对攻斜线球、两直对两斜的对攻等。

(5) 多球练习:

①一对一或一对多练习。

②发多球,从定点到不定点,从有规律到无规律,从力量小到力量大,从近台到中远台等变化。

③多球练习,提高课堂练习密度和增加运动量。

(6) 简化规则的比赛练习:结合发球、推挡球、正手攻球、反手攻球等技术动作,两人一组,进行教学比赛,旨在检验技战术的掌握情况,培养战术意识。

4. 注意事项

攻球内容丰富,在教学中要注意贯彻循序渐进原则。先慢后快,先轻后重,使学生由浅入深地逐步掌握。

在进度安排上,应注意技术间的相互影响,充分利用条件反射的泛化原理,促其迁移,防止干扰。攻球技术是学习乒乓球的基础,要坚持经常练、反复练,做到精益求精。在条件许可的情况下,尽量采用多球形式进行教学,以便提高课堂密度与增加运动量。

4.2.7 搓球

搓球是近台还击下旋球的一种基本技术,用类似削球的动作回击对方发出来或削过来的下旋球,亦称"小削板"。它的技术特点是动作幅度不大,出手较快,过网后球的弧线较低,旋转与落点变化较丰富,用它来还击下旋球是一种比较稳妥的方法。它也是初学削球必须掌握的入门技术,常用于接发球或过渡球,为进攻创造机会。比赛中经常用搓转与不转球和快与慢的变化,为攻球、拉弧圈球创造进攻的有利条件。搓球分为慢搓和快搓两种。

1. 动作方法

1) 慢搓

(1) 反手慢搓:两脚开立,身体离台稍远,手臂自然弯曲,向左上方引拍。击球时,前臂内旋配合转腕动作,向前下方用力,拍面后仰,在来球下降期摩擦球的中下部(见图 4-29)。

图 4-29 反手慢搓

（2）正手慢搓：两脚开立，右脚稍后，两膝微屈，身体稍向右转，离台稍远。击球前，向右上方引拍，拍面后仰。击球时，前臂和手腕向左前下方挥动，在来球下降期摩擦球的中下部（见图 4-30）。

图 4-30 正手慢搓

2) 快搓

（1）反手快搓：两脚开立，两膝微屈，身体靠近球台。击球时，拍面稍后仰，前臂配合手腕转动动作向前下方切动，在来球上升期摩擦球的中下部，将球快速搓出（见图 4-31）。

图 4-31 反手快搓

（2）正手快搓：两脚平行或右脚稍前站立，两膝微屈，身体靠近球台。击球前，右手向右上方引拍，拍面稍后仰。击球时，前臂和手腕向左前下方切动，在来球上升期摩擦球的中下部，将球搓出（见图 4-32）。

3) 搓转与不转球

搓转与不转球主要取决于作用力线是远离球心还是接近球心。若在搓球时加大引拍距离和拍面后仰角度，前臂、手腕用力向前下方切球，用球拍的下半部摩擦球，薄一些，

图 4-32　正手快搓

使击球时的作用线远离球心,则为加转球。若在搓球时缩短击球距离,减小拍面后仰角度,用球拍的上半部和中部碰撞球,使击球的作用力线接近球心,则为不转球。

2. 动作要领

三大类搓球动作要领如下:

(1) 慢搓:击球时,拍面后仰,提臂引拍后向前下方用力,在来球下降期摩擦球的中下部。

(2) 快搓:击球时,拍面稍后仰,手臂要迅速前伸迎球。向前下方切动,在来球上升期摩擦球的中下部。

(3) 搓转与不转球:击球时,加大引拍距离和拍面后仰角度且切薄球皮为加转球,减小引拍距离和拍面后仰角度且碰撞球为不转球。

3. 教学顺序与练习方法

先学习反手搓球,后学习正手搓球;先学慢搓,后学快搓;先定点定线搓球,后不定点不定线搓球。在掌握以上技术动作之后,再练习搓转与不转球。结合前面学习过的发下旋球技术,练习发球-搓球结构化技术。为了提高实战比赛能力,可以安排发球-对搓比赛,看谁胜出次数多。

具体练习方法如下:

(1) 模仿搓球动作练习。

(2) 自己抛球在台上,待弹起后,将球搓过网。

(3) 两人一组合作练习,一人发下旋球(不太转),一人搓回。

(4) 对搓斜线球,再对搓直线球(从固定路线到不固定路线)。

(5) 慢搓与快搓结合练习(从固定路线到不固定路线)。

(6) 搓转与不转球结合练习。

(7) 搓球与拉球结合练习。

(8) 搓球与拉球、攻球结合练习。

(9) 多球练习。

(10) 简化规则的搓球比赛。

4.2.8　削球

削球是削攻型打法的一项重要技术,它通过球的旋转和落点变化来控制对方,使对方直接失误或为自己创造进攻机会。削球分为远台削球和近台削球两种。

1. 动作方法

1）远台削球

远台削球包括正手远台削球、反手远台削球。

（1）正手远台削球：两脚开立，右脚在后，身体离台 1 m 以外，两膝微屈，上体稍向右转，重心放在右脚上，手臂自然弯曲，引拍至右肩侧。击球时，手臂向左前下方挥动，拍面后仰，在拍与球接触时，前臂加速削击，手腕配合转动，在来球下降期摩擦球的中下部。击球后，迅速还原动作，准备下一次击球（见图 4-33）。

图 4-33 正手远台削球

（2）反手远台削球：两脚开立，右脚在前，两膝微屈，上体略向左转，重心放在左脚上，引拍至左肩侧。击球时，上臂带动前臂向右前下方挥动，拍面后仰，手腕跟着前臂用力方向转动，在来球下降期摩擦球的中下部，将球削出，重心移至右脚。击球后，迅速还原动作，准备下一次击球（见图 4-34）。

图 4-34 反手远台削球

2）近台削球

近台削球也包括正手近台削球、反手近台削球。

（1）正手近台削球：右脚稍后，身体离台稍近，稍向右转，手臂自然弯曲，引拍约与肩平，拍面稍后仰。击球时，前臂用力向左前下方切削，手腕配合下压，一般在来球高点期或刚下降时摩擦球的中部或中下部（见图 4-35）。

（2）反手近台削球：两脚开立，右脚稍前，两膝微屈，身体离台稍近并略向左转，手臂自然弯曲，向左上方引拍约与肩平，拍面稍后仰。击球时，手臂迅速向右前下方挥动，以前臂和手腕用力为主，在来球高点期或刚下降时摩擦球的中部或中下部，将球削出（见图4-36）。

2. 动作要领

削球动作要领如下：

图 4-35　正手近台削球

图 4-36　反手近台削球

（1）远台削球：向后上方引拍，大臂带动前臂向前下方发力，手腕配合转动，在来球下降期摩擦球的中下部或下部。

（2）近台削球：引拍约与肩平，向前下方挥拍，前臂发力，手腕下压，在来球高点期或刚下降时摩擦球的中部或中下部。

3. 教学方法

先学正手削球，后学反手削球。先学远台削球，再学近台削球。然后进一步掌握削转与不转球，以及削球逼角等技术。在此基础上与其他技术（发球、推挡、攻球等）结合起来。

练习方法如下：

（1）模仿削球动作，根据击球的动作结构，做好引拍、挥拍等动作。

（2）两人一组，一人发平击球或急球，一人正手或反手将球削回。

（3）用正手或反手削对方轻拉过来的球。

（4）削斜线球，然后再练习削直线球。

（5）正、反手结合进行削球（从有规律到无规律）。

（6）远台削球与近台削球结合练习。

（7）削转与不转球结合练习。

（8）削与攻、挡结合练习（如削中反攻，削、挡、攻结合）。

（9）多球练习。

（10）简化规则的削球比赛。

4. 注意事项

教学过程中应注意逐渐增加击球难度，如从削平击球、急球、轻拉球到削弧圈球。要加强初学者击球的基本姿势练习，要求身体各部位（包括手臂、腰腹、腿）协调用力，以便奠定良好的削球基础。

初学时，要强调引拍到位，如果球拍上提不够，则容易出现回球下旋力不强等现象，养成习惯后，就很难改正。在练习的过程中，教师要经常观察学生动作是否变形，一旦发现错误，应立即采取纠正措施，以免学生重复错误。

4.2.9 弧圈球

弧圈球技术是一种将力量、速度和旋转结合为一体的进攻性技术，是比赛中的主要得分手段。弧圈球可分为加转（高吊）弧圈球、前冲弧圈球及正手侧旋弧圈球，并且正反手均可以拉弧圈球。

1. 动作方法

1）加转弧圈球

加转弧圈球包括正手加转弧圈球、反手加转弧圈球。

（1）正手加转弧圈球：左脚在前，身体重心较低。手臂自然下垂向右后下方引拍，身体随之向右转动，右肩下沉，重心在右脚上。拍触球时拍面稍前倾，上臂带动前臂向前上方挥动，手腕配合发力，身体向左侧转动。在来球的下降前期击球的中部或中上部，在摩擦球的瞬间迅速收缩前臂以加大摩擦力。击球后，身体稍向上抬起，随势挥拍至头部高度，重心移至左脚，并迅速还原动作（见图4-37）。

图4-37 正手加转弧圈球

（2）反手加转弧圈球：两脚平行或右脚稍前，两膝微屈，重心在两脚间。右肩下沉，球拍引至腹前下方，腹部内收，肘关节稍向前顶出，手腕内旋，拍面稍前倾，以肘关节为轴前臂快速向右前上方挥动。在来球的下降前期用力摩擦球的中上部，两腿向上蹬伸，身体稍后仰以辅助发力。击球后，随势挥拍并迅速还原动作（见图4-38）。

2）前冲弧圈球

前冲弧圈球也包括正手前冲弧圈球、反手前冲弧圈球。

（1）正手前冲弧圈球：左脚稍前，根据来球选择站位远近。向右后方引拍时腰向右转动，重心移至右脚。击球时拍面前倾，在上臂带动下前臂加速向前上方挥动，手腕配合

图 4-38 反手加转弧圈球

发力,在来球的上升后期或高点期摩擦球的中上部。随势挥拍后迅速调整身体重心并还原动作(见图 4-39)。

图 4-39 正手前冲弧圈球

(2)反手前冲弧圈球:两脚平行或右脚稍前,两膝微屈,重心在两脚间。右肩下沉,球拍引至大腿内侧,肘关节稍前顶,手腕内旋。击球时拍面稍前倾,以肘关节为轴前臂快速向前上方发力。在来球的高点期摩擦球的中上部,同时两腿向上蹬伸,身体略向前上方顶以辅助发力。随势挥拍后,迅速还原动作(见图 4-40)。

3)正手侧旋弧圈球

左脚稍前,腰向右转动,重心在右脚上,球拍引至身体的右侧后方,拍头稍下垂。击球时右脚蹬地,腰向左转,上臂带动前臂快速挥动,在来球的下降前期摩擦球的右侧中部或下部,向外侧并向前上方挥拍,使球拍划过一个横向的半弧形。击球后,上体要随势向内扭转以加大侧旋力量(见图 4-41)。

图 4-40　反手前冲弧圈球

图 4-41　正手侧旋弧圈球

2. 动作要领

（1）正手加转弧圈球：上臂发力带动前臂迅速收缩，腰部配合发力，向上略带向前挥拍，拍面稍前倾，在来球的下降期摩擦球的中部或者中部偏上位置。

（2）反手加转弧圈球：身体左转，右肩下沉，以肘关节为轴，手腕内旋，拍面稍前倾，小臂快速向上略带向前挥拍，在来球的下降前期摩擦球的中上部。

（3）正手前冲弧圈球：球拍引至腰部侧后位，身体各个部位协调用力，以向前发力为主，略带向上发力，拍面前倾较大，在来球的高点期摩擦球的中上部。

（4）反手前冲弧圈球：身体左转，球拍引至大腿内侧，手腕内旋，拍面稍前倾，以肘关节为轴，前臂快速向前上方发力，在来球的高点期摩擦球的中上部。

（5）正手侧旋弧圈球：腰向后转，引拍至身体的右侧后方，右脚蹬地向左转腰，在来球的下降前期,上臂带动前臂快速摩擦球的右侧中部或下部,向外侧并向前上方挥拍。

3. 教学顺序与练习方法

先学习正手加转弧圈球,再学习反手加转弧圈球,然后学习正手前冲弧圈球,再学习反手前冲弧圈球,最后学习正手侧旋弧圈球。弧圈球技术教学中,应注意加强组合技术的学习,结合发下旋球、搓球、攻球等技术形成结构化动作技能,如发球抢拉弧圈球、发球-搓球-弧圈球组合技术、拉冲组合技术等。

练习方法如下:
（1）徒手模仿拉弧圈球的动作。
（2）对墙做自抛自拉的辅助练习,体会击球时的身体姿势与击球动作。
（3）一人发出台下旋球,一人练习拉弧圈球(可用多球进行练习)。
（4）对搓中,固定一人搓中拉弧圈球。
（5）一人削球,一人练习拉弧圈球。
（6）一人推挡,一人练习拉弧圈球。
（7）发球抢拉,抢冲练习。
（8）与其他技术结合起来练习,如拉弧圈后的扣杀。
（9）简化规则的教学比赛:结合发下旋球、搓球、推挡球等技术动作,两人一组,采用已学过的技术动作进行比赛。

4. 注意事项

学习拉弧圈球前,要充分做好肩部与腰部的准备活动,以免受伤。准备击球时,应强调迎前摩擦球,否则容易出现拉漏。拉球后手臂要迅速放松,及时还原以便做好下一次击球准备。结合步法的移动,学会判断球的旋转性质,在移动中拉弧圈球。在教学过程中最好采用单球与多球相结合的方法进行练习。

4.3 体育课程一体化背景下中小学乒乓球战术教学与实践

在比赛中,根据自己和对方的具体情况,有目的、有意识地运用技术,就形成了战术。所以,战术是以技术为基础的,一个学生基本技术越全面、越扎实,他的战术运用就越灵活多样。反过来,战术的变化和发展,又可促进技术不断地革新和提高。根据2017版普通高中《体育与健康课程标准》中的教学理念,"学会""勤练""常赛"是中小学体育教学改革的大趋势。学会基本的乒乓球技术并勤加练习,运用乒乓球战术参加比赛,达到享受乒乓球运动带来的乐趣、增强体质、健全人格、锤炼意志的教学目的。中小学乒乓球战术教学是建立在一定技术基础上的,由于中小学学生以技术学习为主,战术学习为辅,所以中小学学生只需学习最基本的乒乓球战术,下面仅对快攻的战术运用做简单的介绍。

4.3.1 发球抢攻

发球抢攻是快攻类打法中力争主动、先发制人的一项主要战术,是比赛的重要得分手段。它充分发挥"前三板"的进攻技术,实施抢攻得分或者发球直接得分。

1. 长、短球结合的发球抢攻战术

（1）以发侧下旋短球为主配合侧上旋球至对方右方台面近网处,发出的球在对方台面弧线低,离网近,使对方难以抢攻,为自己抢攻或抢拉创造机会。在此基础上配合以急

下旋为主的长球(端线)至对方左方台面,使对方难以发力拉或攻,为自己侧身或正手位抢拉创造机会(见图 4-42)。

(2) 以发侧下旋短球为主配合侧上旋球至对方左方台面近网处,迫使对方难以抢攻,为自己抢攻制造机会,再配合以急上、下旋球为主的长球至对方右方台面,为自己进攻创造机会(见图 4-43)。

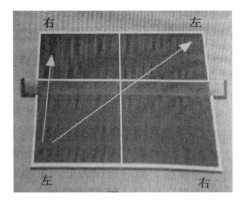
图 4-42　发球抢攻战术(一)

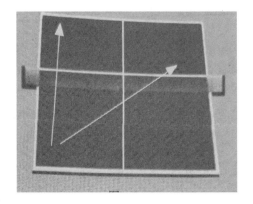
图 4-43　发球抢攻战术(二)

2. 发近身球(底线球)的抢攻战术

(1) 以发急下与侧上、下旋长球为主至对方左方台面,迫使对方难以侧身,或回球质量不高,自己抢先上手进行抢攻(见图 4-44)。

(2) 以发侧上、下旋球长球为主至对方左方台面,配合奔球到对方右角,伺机抢攻(见图 4-45)。

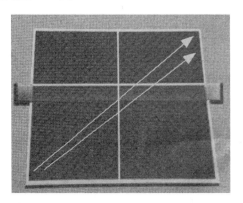
图 4-44　发球抢攻战术(三)

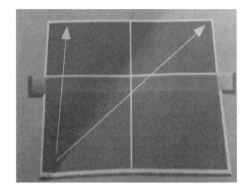
图 4-45　发球抢攻战术(四)

3. 旋转、落点变化的发球抢攻战术

(1) 以发不出台小球为主,可先发转球而后发不转球或先发不转球而后发转球进行抢攻(见图 4-46)。

(2) 连发转与不转短球、突发长球或连续发转与不转长球、突发短球,伺机抢攻(见图 4-47)。

4.3.2　对攻

对攻是进攻类打法在相互对抗时,力争主动的一种重要手段,主要是发挥其快速多

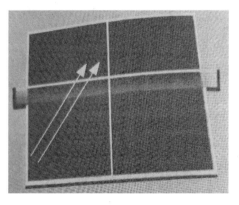 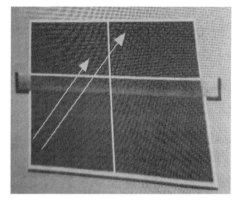

图 4-46　发球抢攻战术（五）　　图 4-47　发球抢攻战术（六）

变的特点来调动对方。

1. 压制反手，结合变线，伺机抢攻战术

先用推挡或反手攻（拉）压住对方反手位，角度要大，迫使对方不能侧身抢拉或被动侧身拉球，并连续压反手后快速变直线到对方右边空当，伺机侧身抢攻。如果对方侧身抢冲，则要灵活配合变线，以牵制调动对方，自己伺机抢攻（见图 4-48）。

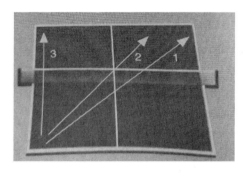

图 4-48　对攻战术

2. 加、减力推压中路，攻两角，伺机抢攻战术

比赛中击球力量的轻重调节与战术变化有非常密切的关系，击球节奏的变化时常会收到事半功倍的效果。

（1）以加、减力的推挡，压对方中路，伺机攻击两角。

（2）以不同线路的轻、重球结合运用，先以轻拉或挡迫使对方靠前回接，再以突击或加力推攻击对方相反方向。

3. 被动中打回头球的战术

乒乓球比赛中，主动与被动的关系随时发生变化。运用回头球战术，实际上是根据临场情况观察对手的攻击特点，及时进行反击，打对方一个措手不及。如果对方球员侧身拉球的线路 80% 是直线，对方侧身攻击球时，有准备地在正手位运用扣杀、反拉、快带等技术，将球回击，可达到变被动为主动的目的，扭转被动局面。

4.3.3　拉攻

拉攻战术是快攻类打法中对付削球类打法的主要战术。首先，拉球的基本功要扎实,要拉得稳,有落点、旋转及力量的变化,才能制造机会赢得战机。其次,必须拉中有突击或拉中结合冲,有连续扣杀和前冲的能力,才能收到良好效果。

1. 拉两角,攻击中路的战术

以稳健的拉球攻击两角,从中抓住机会扣或冲中路(近身球)得分。

2. 拉中路,压两角的战术

以拉中路(近身)为主,扣杀左角或右角,并连续扣杀或抢冲得分。

3. 拉反手,突击正手战术

在拉球的过程中,压住对方反手位,突然扣或冲杀正手直线,主动得分。

4. 长、短球结合拉、吊的战术

(1)以加转弧圈球和前冲弧圈球相结合,拉加转球吸引对方靠前削球,再以前冲弧圈球迫使对手后退,为连续冲或扣杀创造条件。

(2)以前冲弧圈球迫使对手退台削接,再以搓球吊小球,使对方近台回球,再冲杀近身或空当得分。

(3)以"真、假"弧圈球交替运用,伺机冲杀或扣杀。

4.3.4 搓攻

搓攻战术是进攻型选手的一项辅助战术,主要是利用搓球的旋转和落点变化来控制对方,为进攻创造条件。运用这一战术时搓球的次数不能过多,一般快搓一两板就须寻找机会主动进攻,否则将使自己陷入被动。

1. 以快搓、摆短为主,结合搓长球至对方反手,伺机抢攻

(1)以快搓、摆短至对方中路近网小球,伺机侧身扣杀或冲直线。

(2)以转与不转搓球至对方反手位底线长球,使其不容易侧身,伺机抢攻或冲右方大角。

2. 搓转与不转球结合落点变化,伺机抢攻

(1)以转与不转的搓球至对方左或右、长或短的球,伺机抢冲、扣杀。

(2)以下旋搓球和侧旋搓球至对方反手位,伺机进行抢、冲或扣杀。

4.3.5 接发球战术

接发球所采取的对策,包括在前三板战术运用的范围,对在整个战局中能否获得主动起着主要作用。比赛中,双方都力争积极主动,如果接发球处理不好,很快就会陷入被动。因此,在运用接发球战术时,要树立抢先争主动的意识,运用不同的技术手段去接发球,并与自身特长技术密切结合,才能在比赛中争得主动。

1. 接发球抢攻战术

以快打、快拉、快拨、快推等手段回击所有长球,并抢先上手,连续进攻。

2. 快搓、摆短

用快搓、摆短等手段回接,使对方难以发力抢攻或抢拉,自己抢先上手取得主动进攻。

3. 快点

用"快点"回击各种侧旋、上旋或不转的短球,伺机进攻,争取主动接发球战术,应在比赛中根据具体情况灵活运用,才能达到破坏对方发球抢攻或抢拉的战术意图,争取主动,创造机会。

4.4 中小学乒乓球教学中的技术诊断、纠错、考核

中小学体育教师的教学能力最重要的方面之一就是针对技术教学中发现的学生错误动作,找到出现错误动作的原因以及纠正错误动作的方法。

4.4.1 造成学生错误动作的因素

在教学过程中学生不可避免地会有错误动作,而造成学生错误动作的因素很多,主要集中在以下几个方面:

(1) 学习目的不明确,随心所欲,不按教师规定的内容练习,不认真,有畏难情绪等。
(2) 错误的习惯动作干扰,使之不能建立正确的动作概念,或在认识上觉得无所谓,不愿意下工夫进行改进。
(3) 训练水平和基本技术差,尤其是协调性差,这直接影响其对技术的接受能力。
(4) 教材内容不符合学生的实际水平,要求过高,组织教法不当。
(5) 教学环境与条件的影响等。

4.4.2 技术诊断、纠错及考核的意义

技术诊断、纠错及考核能及时得到反馈信息。教师可以通过反馈信息了解学生技能、知识掌握情况,从而思考问题,解决问题,改进教学水平。技术诊断、纠错及考核是提高教师教学水平的有效方法。学生也可以通过反馈信息及时地掌握自身水平和锻炼的效果,强化和调整主动学习和锻炼的动机。反馈信息对学生的心理也将产生积极的鼓舞作用。

另外,技术诊断、纠错及考核实际上是对教与学双方面的检验。反馈信息能为开展教学研究和提高教学质量提供有力依据。

4.4.3 纠错的方法

语言纠错是教师应用最广泛的纠错方法。提高运用语言与教学方法的水平,特别要提高对动作讲解与示范的质量,能有效地避免语言带来的理解偏差,也能改善动作示范的效果,达到事半功倍的效果。错误动作的产生可能是因为受学生基本身体素质的限制。加强基本技术和发展身体素质的教学训练,增加灵活性及反应能力练习,能有效地减少学生的错误动作。学习过程中充分调动学生其他感官的参与,也是促进技能学习和纠错的有效方法。目前主要用于纠错的方法有:

(1) 现场纠正;
(2) 使用教具纠错;
(3) 训练术语;
(4) 比拟(如削球动作像砍树样);
(5) 感觉(如让他们听听发上旋球的声音);
(6) 模仿和想象。

教师在纠错环节还应该做到耐心细致,循循善诱,热情帮助,讲清道理,分析原因,加

强学生的自信,引导学生主动进行思考和提高自控能力。在纠错的过程中,要抓住主要点,有的放矢,进行引导性练习,避免同时对多个错误点进行纠正。教学过程中,教学方法之间都是有机联系的,应根据教学任务、教材内容、学生特点以及场地、设备等具体条件,灵活地相互配合运用,要从实际效果出发,提高教学质量。

4.4.4 技术诊断和纠错的对照检查表

学生可以根据以下的对照检查表对自己的技术进行一些简单的判断和纠正,教师也可以参照检查表对学生的技术加以必要的指导。根据中小学乒乓球教学内容安排,下面介绍了几种重要技术的常见错误动作及纠正方法,如表 4-2 至表 4-7 所示。

1. 纠正推挡动作的对照检查表

表 4-2 纠正推挡动作

编号	易犯错误	结果	纠正方法
1	挡球时,判断球的落点不准,拍形掌握不好	球不过网或出界	提高判断能力,加强手腕的灵活性和调节拍形的能力
2	推削时,拍形前倾过大,击球时间过早	球不过网	迎球时间稍晚一点,要求球拍与球接触时离落点稍远一些
3	推挡时,拍形前倾不够,击球时间过早或过晚	球出界	前臂外旋使拍面前倾,在上升期击球
4	击球时,肘关节离开身体	动作不协调	击球前,上臂和肘关节靠近身体
5	加力推,手臂没有向前伸展出去	推挡力量不大	击球时,上臂和肘关节前送,并配合上体向左转动

2. 纠正攻球动作的对照检查表

表 4-3 纠正攻球动作

编号	易犯错误	结果	纠正方法
1	正手攻球时,手腕下垂,使球拍与前臂垂直	击球时,动作僵硬不协调	球拍拍柄向左,做徒手模仿练习
2	正手攻球时,手腕上挺,使球拍与前臂成一直线	击球时,动作僵硬不协调	握拍时,手腕放松,做徒手模仿练习
3	正手攻球时,抬肘关节	击球时,动作僵硬不协调	手臂放松,肘关节下垂,做近台快攻练习
4	判断球的落点不准,引拍动作不到位	击球落空	先做还击发球的练习,再做还击连续挡球的练习

续表

编号	易犯错误	结果	纠正方法
5	击球后,球拍立即停止不前	动作不协调	用多球练习改进动作
6	击球时,拍面前倾过早	球不过网	使拍面稍后仰,徒手做挥拍动作练习
7	击球时,拍面前倾不够	球出界	击球时,拍面保持前倾,做还击发球的练习,体会击球时的转腕动作

3. 纠正弧圈球动作的对照检查表

表 4-4 纠正弧圈球动作

编号	易犯错误	结果	纠正方法
1	引拍动作不够大,重心较高	回球上旋力不强	挥拍练习,注意引拍时要降低重心
2	击球时碰撞多、摩擦少	回球上旋力不强	在接下旋球中改进动作,注意体会摩擦击球动作
3	击球时拍形掌握不好,球拍与球接触的部位不对	球下网或球出界	在接发球或多球练习中改进动作
4	击球时,判断来球线路不准或击球时间不对	击球落空	加强对来球的判断能力,利用多球练习改进动作

4. 纠正搓球动作的对照检查表

表 4-5 纠正搓球动作

编号	易犯错误	结果	纠正方法
1	球拍没有上引,击球时前臂由上向下动作不明显	回球下旋力不强	反复进行前臂和手腕先向上引再向下切的挥拍模仿练习
2	击球时,拍面后仰不够	球出界或下网	练习用慢搓回接对方来的下旋球,体会拍面后仰前送的动作
3	击球时,球拍与球接触的部位不准,没击到球的中下部	回球准确性差,质量不高	做对搓练习,体会拍面在来球下降期击球中下部的动作
4	击球后,前臂前送不够	球不过网	二人做慢搓练习,体会击球后手臂前送的动作

5. 纠正发球动作的对照检查表

表 4-6 纠正发球动作

编号	易犯错误	原因	结果	纠正方法
1	发球犯规	不懂规则,平时要求不严	判罚失分	学习规则,严格按照规则要求进行练习

续表

编号	易犯错误	原因	结果	纠正方法
2	击球点过高或过低	击球点位置概念不清,击球动作与抛球动作配合不协调	发球准确性差,球易出界或下网	明确击球点的位置,反复进行正确的击球练习
3	发球时的触拍部位不准确	抛球不稳定,调节、控制拍形能力差	发球准确性差,发球质量不高	弄清各种发球的触拍部位,反复进行练习,提高触拍部位的准确性,加强手上调节
4	球发出后的第一落点位置不当	第一落点位置概念不清,击球不正确	发球不过网或发球出界	弄清第一落点位置,要求击球点正确,调节好击球时的拍面角度

6. 纠正接发球动作的对照检查表

表 4-7 纠正接发球动作

编号	易犯错误	原因	结果	纠正方法
1	接发球站位不合理	接发球站位概念不清	不利于发挥自己的技术特长	弄清正确站位,练习回接各种发球
2	判断发球性能不准确	判断能力不强,缺少专门的接发球练习	接球失误或回球质量不高	掌握判断发球的有关知识和方法,采用各种手段,提高观察、判断和反应能力,反复进行接发球练习,提高判断发球能力
3	接发球时脚步移动过早	观察判断发球意识不强,凭主观估计接球	易遭对方袭击空当	加强对发球的观察能力,弄清和把握好起动接球的时机
4	接球时控制不好回球的弧线和落点	判断发球不准确,手上控制调节能力不强	回球质量不高,回球准确性差	提高判断发球能力,采用多球练习,不断增强手上的控制调节能力
5	接球后动作还原不及时	还原动作意识不强,还原动作不正确	影响连续击球	明确还原动作的意义和作用,进行各种接发球专门练习,强调接球后及时还原动作

4.4.5 中小学乒乓球运动技能考核

乒乓球技能考核是为了检验学习的效果,是中小学教育教学工作的重要组成部分,是直接反馈教学效果的手段。根据考核结果,可进一步改进教学方法,优化教学流程,提高教学水平。根据《体育与健康课程标准》中所规定的考核内容和办法,在教学前、中、后三个阶段都有必要进行考核。

1. 考核的内容

乒乓球运动技能的考核,主要根据《体育与健康课程标准》所规定的考核范围和方式,参照对不同年级不同教学阶段的要求,选择那些最基本的理论知识、基本技术和基本战术作为考核内容,如乒乓球的反手推挡球技术、正手攻球技术、正手发平击发球技术等。

2. 考核的类别

1) 预先考核(基础测验)

指在学期之初对学生基本技术和素质进行了解性测验,做到心中有数,以便制订更为符合实际的教学计划。测验重点是基本技术和身体素质,也可对其学习态度和兴趣进行了解。考核内容包括:基本技术测定,教师不做任何技术指导,只规定一两个基本技术动作,如正手攻球、反手推挡等进行测定;身体素质测定,主要观察身体协调能力、反应能力,并判断出其接受能力。

预先考核要安排在第一次课上,教师应对每个学生都有一个评定,但不作为成绩计算,只作为了解学生起步程度和学期末衡量技术进步、身体状况改善的参考指标。

2) 平时测验

平时测验要随堂进行,内容包括本学期所学教材全部内容,每学完一个技术动作,教师都应进行测验,了解学生掌握程度,每次测验结果都要记录下来,以引起学生的重视和认真对待。平时测验的成绩可作为学期末总评定成绩的参考成绩。其重点应放在技术评定上,要严格要求动作规范和质量,注重动作的节奏感、连贯性和准确性等乒乓球运动技术特点和要求。平时测验还要对学生的学习态度、思想品德等方面的表现进行观察,并给予恰当的评定。教师要有计划地在每次课中,观察几个学生的行为表现,分期分批进行,到时候就会对每个学生有一个较完整的印象,其目的是引起教师在教学中对教育因素的重视,并有的放矢地进行表扬、批评、鼓励和教育。平时测验还要注意掌握时间,不应影响课的正常进行。每人的测验时间应控制在 3~5 min,除被测验的学生外,其他学生应按教师所规定的内容进行练习。

3) 定期测验

这项考核是针对身体素质项目进行的测验。身体素质的成绩为总成绩评定内容之一,所以,在制订教学计划和进度时,应该确定测验时间,这是预先计划之内的定期考核。上课之初要把测验时间、项目和要求告诉学生,使之有充分的身体和心理准备。

4) 总成绩评定

总成绩评定是指学期末,学习内容全部结束时对学生进行总的综合评定。其主要内容包括三个方面:乒乓球基本技术方面的考核、身体素质方面的考核、乒乓球运动基本知识方面的考核。将这三个方面的具体成绩按一定比例计算,所得结果就是该学期乒乓球课总的评定成绩。

3. 考核的方法

乒乓球技战术考核方法有达标测试、技术评定、比赛实战评定、理论考试等,详见本书 3.5.3 小节。

4. 乒乓球运动技能考核成绩登记表（见表 4-8）

表 4-8 乒乓球运动技能考核成绩登记表（仅供参考）

学号	姓名	单项技术（如正手近台攻球）		战术（如发球抢攻战术）		组合技术（如左推右攻）		比赛实战		身体素质（如沙包掷远）		总分	备注
		达标	技评	达标	技评	达标	技评	技评	得分	成绩	得分		

注意：(1) 中小学采用何种考核方法，要根据考核对象、考核目的的不同而有所区别。

(2) 乒乓球运动技能评定还可以参考"青少年乒乓球技能等级考核标准和方法"中的一到九级考核标准和方法及操作流程，请扫二维码获取资源。

乒乓球运动技能评定

4.5　思　考　题

1. 常用的步法有哪几种？为什么说步法对乒乓球技术水平的提高有着极其重要的意义？

2. 怎样才能练好发球与接发球？简述侧上旋发球与侧下旋发球的动作要领、动作方法及练习方法。

3. 简述正手攻球的动作要领、动作方法及练习方法。攻球易犯错误动作有哪些？如何纠正？

4. 简述正手弧圈球的动作要领、动作方法及练习方法。弧圈球易犯错误动作有哪些？如何纠正？

5. 怎样纠正学生的错误动作？

本章参考文献

［1］ 刘建和.乒乓球教学与训练［M］.北京：人民体育出版社，2004.

［2］《球类运动》编写组.球类运动（乒乓球、手球、垒球、羽毛球）［M］.北京：高等教育出版社，2006.

［3］ 刘建和.乒乓球［M］.北京：人民体育出版社，2006.

［4］ 季浏，钟秉枢.普通高中体育与健康课程标准（2017 年版）解读［M］.北京：高等教育出版社，2018.

[5] 杨文轩,季浏.义务教育体育与健康课程标准(2011年版)解读[M].北京:高等教育出版社,2012.
[6] 人民教育出版社课程教材研究所体育课程教材研究开发中心.义务教育教科书教师教学用书.体育与健康.1至2年级.全一册[M].北京:人民教育出版社,2012.
[7] 人民教育出版社课程教材研究所体育课程教材研究开发中心.义务教育教科书教师教学用书.体育与健康.3至4年级.全一册[M].北京:人民教育出版社,2012.
[8] 人民教育出版社课程教材研究所体育课程教材研究开发中心.义务教育教科书教师教学用书.体育与健康.5至6年级.全一册[M].北京:人民教育出版社,2012.
[9] 人民教育出版社课程教材研究所体育课程教材研究开发中心.义务教育教科书教师教学用书.体育与健康.七年级.全一册[M].北京:人民教育出版社,2012.
[10] 人民教育出版社课程教材研究所体育课程教材研究开发中心.义务教育教科书教师教学用书.体育与健康.八年级.全一册[M].北京:人民教育出版社,2012.
[11] 人民教育出版社课程教材研究所体育课程教材研究开发中心.普通高中教科书教师教学用书.体育与健康.必修.全一册[M].北京:人民教育出版社,2019.
[12] 王崇喜.球类运动——足球[M].北京:高等教育出版社,2005.
[13] 黄汉升.球类运动——排球[M].北京:高等教育出版社,2005.
[14] 王家宏.球类运动——足球[M].北京:高等教育出版社,2005.

第 5 章
乒乓球运动身体素质训练能力培养

学习乒乓球项目是一项复杂的系统工程,良好的身体素质是学习和掌握乒乓球技战术的前提,也是提高乒乓球水平的必要条件。本章介绍了乒乓球运动素质的分类、要求,以及提高乒乓球专项身体素质的训练方法与测试方式。本章旨在让未来体育教师了解、熟悉少年儿童的生长发育特点,熟练掌握针对不同年龄段学生的身体素质训练方法与手段,将来成为一名具备专业知识与创新精神的优秀体育教师。

5.1 乒乓球运动身体素质要求与分类

乒乓球项目规则的演变,对乒乓球运动员的身体素质提出了更高的要求。蔡振华在2006年就曾提出,乒乓球项目11分赛制的改变,导致"主动进攻增多,比赛时间缩短,比赛间歇增加,运动量相对减少,运动强度增大"。因此身体素质是衡量和制约乒乓球技术发展的重要因素。良好的身体素质不仅是身体机能强壮的表现,而且对乒乓球运动员来说还可以减少运动带来的伤害,延长运动寿命。具有突出身体素质的乒乓球运动员在训练和比赛中往往都有出色表现。

5.1.1 乒乓球专项身体素质

乒乓球是一项要求判断快、反应快、起动快、收臂快、位移快的项目,根据乒乓球项目的技术动作和能量代谢特点,应该首先发展运动员的速度素质、灵敏素质、力量素质和耐力素质。

1. 速度素质

乒乓球项目中所说的速度素质主要表现在要求运动员在尽可能短的时间内对来球的变化进行合理有效的反应和适应能力。乒乓球是开放性项目,需要根据对方来球快速反应,及时到位,合理击球。速度素质对运动员预判、增加击球准确性以及在相持过程中动作的连续性都起着决定性作用。因此,速度素质是乒乓球身体素质训练中重点发展的素质之一。速度素质主要由三个方面组成:

(1) 反应速度:对对手的站位、引拍、击球动作立即做出反应的速度。反应速度快是回击高质量球的保障。

(2) 位移速度:从运动员上一板击球结束后移动到下一板击球前的合理位置的速度。运动员首先需要对对手的来球做出准确判断,然后使用快速合理的步法移动至最佳击球位置。

(3) 动作速度:完成一个动作所需要的时间越短,动作速度越快。运动员在击球时身体各个部位协调配合,提高击球质量,其动作速度直接影响球的速度和旋转。只有具备合理快速的动作速度,才能抓住有效的击球时间。当准确判断、步法及时到位时,还需要身体各部位、各关节协同配合,加速收臂,提高击球质量。

2. 灵敏素质

乒乓球灵敏素质是指运动员在球场上快速反应、随机应变的能力,以及根据来球的不同,迅速正确变换、移动方向准确击球的能力。灵敏素质是一项复杂的综合素质,由速度、力量和耐力组成。由于乒乓球的场地范围小,球体轻,速度快,球从一方回击至另一方只需要 0.3~0.5 s,因此运动员需要在对方回球离开球拍的一瞬间立即判断来球的速度、旋转以及落点,并根据来球迅速做出回应对策。从一个动作转换到另一个动作的速度是检测灵敏度高低的指标,灵敏素质高的运动员反应潜伏期短,兴奋与抑制转换速度快。经过长期训练,乒乓球运动员的灵敏素质都会得到很大的提高。

3. 力量素质

力量素质也是乒乓球运动员必不可少的素质之一,乒乓球的击球动作(挥拍)和步法跑位都需要加速度作用,所以必然要以力量素质作为基础。力量又分为绝对力量、相对力量和速度力量。乒乓球运动中的击球和快速起动就属于速度力量,又叫作爆发力。运动员在短时间内快速有力的肢体收缩在正反手扣杀、弧圈球以及步法的移动中都起着至关重要的作用。乒乓球运动中的爆发力区别于投掷或举重运动中的爆发力,不是手持重物或器械的单一发力,而是运动员控制自己肢体快速收缩并且反复快速发力的能力。从小球变成大球直到如今的塑料球,对运动员的力量素质有着更高的要求,无论是搓球、挑打摆短还是发球技术,都需要上肢肌肉群的力量。只有科学的力量训练才对提高乒乓球力量素质有帮助。

4. 耐力素质

乒乓球的耐力素质,是处于经常变化的运动强度之中且与速度素质、灵敏素质紧密相关的耐力素质。一次普通的乒乓球比赛持续 3~7 天,每天平均进行 4~6 场比赛,因持拍方式、打法类型和对手水平的差异每分钟挥拍次数在 19~49 次之间。强度处在变化之中,变化的频率和幅度取决于自身和对手的技术水平和击球质量。除此之外,长时间的紧张状态对神经系统的要求也很高。因此乒乓球的耐力素质是精神一直处于紧张状态和机体保持灵敏、速度高度兴奋的结合。

身体素质训练要紧密结合运动项目的特点和要求,否则就达不到效果,有时还会产生反作用。因此在选择训练方法时,首先要根据运动员身体的生长发育阶段,制订符合生长发育敏感期特点的运动方法,增加锻炼效果,其次要根据运动项目技术动作结构和神经肌肉的性质类型,选择相符和接近的运动刺激方式,从而形成符合运动员实际情况、项目规律特点的有针对性的训练体系。

5.1.2 儿童少年生长发育敏感期

身体素质发展敏感期是指在身体素质显著增长的某个年龄阶段,在此阶段通过有意识符合规律的引导训练,可以使身体各项机能得到定向的改变,扩大身体运动系统的潜力,为儿童少年身体健康、运动发展打下牢固坚实的基础。因此,在思考采用什么方法对儿童少年进行训练之前,首先要对儿童少年的生长发育周期进行充分了解。在敏感期发展对应的身体素质,一方面能有效防止运动损伤,另一方面能最大化地发展运动素质。随着对儿童少年生长发育的不断探索和研究,大部分学者一致发现,根据儿童少年生长发育时期内在的生理变化和成长发育规律配合外在的合理的富有针对性的训练刺激,能够在身体素质发展的敏感期内加速发展该运动素质,产生事半功倍的效果。

乒乓球项目的最佳启蒙年龄一般为5～6岁,这个阶段是身体形态、身体技能和运动能力发育的高峰期和关键期。在接受技术训练的同时开始身体素质训练,可以更好地和乒乓球项目相适应。根据儿童少年生长发展规律,制订各个年龄阶段科学、有针对性的训练方法,可以加速提高儿童少年的综合身体素质,并为其今后良好生长发育以及运动生涯打下牢固基础。学龄儿童少年在进行身体素质训练时要注意保持正确的身体姿势,保证各项身体素质的均衡发展。在进行力量训练时,要根据儿童少年的年龄选择适宜的练习方式,安排合理的运动负荷。10～12岁是儿童提高运动协调能力和连贯性的最佳阶段。初级复杂技术动作比较适合9～10岁的儿童开始学习,高级复杂动作在12岁左右学习最为适合。而身体速度训练则在儿童6～7岁时就可初步接触,尤其是反应速度和动作速度,此阶段可以通过加快运动频率训练刺激提高速度素质。力量素质对体育运动起着决定性的作用,是一切运动的基础。力量训练要根据儿童的生长发育规律,小心谨慎地进行,通常在10岁以后开始循序渐进,从自身重量开始慢慢增加,在13岁左右达到快速增长阶段。耐力素质则相对发育较晚。由此可见,儿童少年身体素质的发展具有阶段性,不同年龄段不同的身体素质发展的速度不同。此外,女孩的身体素质敏感期稍提前,因此身体素质的训练要根据不同年龄段、不同性别开展,设计合理的训练方法,科学地发展各项能力。各运动素质自然发展的敏感期如表5-1所示。

表5-1 各运动素质自然发展的敏感期*

运动素质	敏感期(年龄)/岁	运动素质	敏感期(年龄)/岁	运动素质	敏感期(年龄)/岁
绝对力量	10～13	动作速度	7～9	平衡能力	6～8
相对力量	14～17	最高速度	7～12	模仿能力	7～12
速度力量	7～13	短时耐力	10～15	协调性	10～12
反应速度	7～11	长时耐力	14～16	灵敏性	6～12

* 引自胡亦海《竞技运动新连理论与方法》,1991。

5.1.3 儿童少年身体机能特点与乒乓球专项体能训练的关系

儿童少年的身体机能特点为:骨头有机成分多,硬度小,弹性大,容易弯曲变形,关节面软骨相对较后,韧带延展性大,柔韧性好,肌肉收缩力量小,耐力差,易疲劳。因此在训练时,不宜过早进行高强度的训练和大负荷的力量训练,宜采用轻负荷、高频率的练习。儿童时期可以进行柔韧性训练和规范化的技术动作学习,尽早发展肌肉的柔韧性、灵敏性和协调性。

力量素质是所有身体素质的基础,合理循序渐进地进行力量训练可以促进身体其他素质的发展。力量素质对乒乓球项目运动成绩的提高有极大影响,乒乓球项目主要运用肌肉快速收缩的力量以及克服自身重量的相对力量,乒乓球技术动作掌握越好的学生更能发挥好力量素质。根据儿童少年身体机能特点,在启蒙时期应该进行小负荷的力量训练,以动力性练习为主,上下肢力量要兼顾。

"快、准、狠、变、转"是乒乓球的五大要素,"快"是乒乓球进攻型打法获胜的关键。世界乒乓球发展也呈现速度越来越快、力量越来越大的趋势。速度素质和力量素质密不可分。在乒乓球项目中,速度素质要求儿童具备在尽可能短的时间内完成各种动作的能力,要求判断快,反应快,起动快,移动快。速度素质可通过从简单到复杂的信号刺激进行训练,方法新颖,重复次数不宜过多。

耐力素质训练发展较晚,耐力素质又分为有氧耐力素质和无氧耐力素质,乒乓球项目需要有氧耐力素质。儿童少年在训练耐力时根据乒乓球项目特点和身体机能特点,应以有氧耐力训练为主,适度地进行无氧耐力训练。

灵敏素质对乒乓球运动员起着重要作用,无论是进攻还是防守,运动员都必须快速做出反应,要在短时间内准确到位,完成各种复杂的动作。灵敏素质和力量、速度、协调性相关,训练时要求注意力高度集中,为保证训练效果,训练时间不宜过长,可通过不断改变动作姿势和方法增加训练的趣味性。

乒乓球项目的柔韧素质是指运动员在不断变化的状态中,改变身体位置,快速拉开关节、肌肉、韧带运动幅度,准确、协调完成动作的能力。在乒乓球比赛中经常需要急停急起、转体等运动,这都需要较好的柔韧性。柔韧性在儿童启蒙阶段最好,随着年龄的增长慢慢退步,因此在启蒙时期要关注儿童的柔韧性,并在平时的练习中加入柔韧性训练,防止随着训练年限的增长,韧带柔韧性降低。

儿童在练习身体素质时,训练强度和密度要循序渐进。儿童启蒙初期训练方式和少年及成人有很大区别,重复训练法不适用于一般儿童,儿童阶段的运动员注意力难以长时间集中,自主控制能力较差,枯燥的训练容易引起其抗拒厌烦情绪。要使儿童主动积极参与训练,需要采用多种不同的符合儿童生理心理发展特点的锻炼方式,确保儿童与身体健康相关的身体素质得到均衡的发展。每次训练课不应超过 90 min,每项训练内容最多不超过 20 min,在身体素质训练前要进行充分的热身,课后要进行整理放松练习。在训练的过程中不要让孩子们太在意他的缺点,而是体验训练带来的乐趣。建议在每次课中覆盖到 4 个不同运动要素进行练习。任何运动素质都不能脱离整体身体素质单独存在,只有在训练中将各项素质训练有机结合,才能使训练效果最大化。例如,速度素质和灵敏素质结合最为紧密,尤其是上下肢在快速收缩时,而速度素质的发展也离不开力量训练,因此在设计训练方法时要注意各种素质的共同发展。

儿童少年处在生长发育阶段,具有很高的可塑性,通过科学刺激,顺应生长发育特点区别对待,循序渐进,可使其各项身体素质得到提高和改善,以适应乒乓球运动的发展,为将来打好基础。

5.2 乒乓球运动身体素质训练与实践

美国国家运动医学会(ACSM)在 2006 年提出,在设计身体素质训练计划时,要遵循 FITT(频率、强度、时间和类型)原则,除此之外还要考虑参与者的年龄、身体状况、训练目的与经历,帮助参与者制订精确有效的训练计划。

首先,为了使学生保持学习的兴趣,每次身体素质训练在每节课中不应超过 20 min。在体能训练之前要进行热身,训练之后要进行整理和放松。每次课尽可能地更换不同练习要素,使用不同运动要素进行组合练习。例如"灵敏性+协调性""爆发力+心肺耐力"等组合练习形式。安全问题也是需要关注的主要内容,尽可能在空旷的场地来进行练习,防止在练习的过程中学生出现碰撞或擦伤。

其次,运动频率和强度的设计要科学合理。频率是指多久进行一次有针对性的训练。一般情况下,针对某个身体素质项目,3~5次/周的训练频率是相对安全有效的。锻炼心肺功能的有氧训练可以每天进行,但力量训练频次则需要至少间隔一天。强度是指动作时用力的大小和身体的紧张程度,是决定运动负荷的主要因素之一。影响运动强度的因素主要有:练习的密度、练习的间隔时间、动作速度等。适宜的运动强度能有效地促进身体机能的提高,增强体质,但强度过大,超过身体承受能力,反而会使身体机能减退,甚至损害身体健康。因此,儿童初学者的训练强度应该控制在较低水平,减少潜在的伤病和损伤,让学生拥有愉快的体验。时间是指单次有针对性的训练进行的时长或次数,一般情况下训练的强度越大,持续的时间应越短或次数越少。针对学龄儿童,每次练习时间不应过长,避免造成疲惫和损伤。针对儿童训练,在类型的选择上,应该以保证训练的趣味性和有效性为前提,采用多种类型相结合的训练方法,单次训练中同一类型练习时间不应持续过久。

5.2.1 增强柔韧性

柔韧性在体能训练和乒乓球技能训练中起着十分重要的作用,良好的柔韧性可以使学生在训练时减少肌肉和韧带由于过度伸展、弯曲造成的损伤,还可以使学生使用更大的力量、爆发力和更快的速度进行移动和挥拍。缺乏柔韧性的学生在练习技能动作时会有更高风险受伤。一般来说,相比于高年级学生,中低年级的儿童的柔韧性更好。乒乓球项目柔韧素质主要集中在肩、髋、膝盖、手腕和踝关节。柔韧性可以通过主动拉伸和被动拉伸来练习。

1. 教学对象

儿童的肌肉弹性和韧带伸展度大,所以柔韧性练习应该越早开始越好。低龄儿童(一、二年级学生)应该是发展柔韧素质的主要对象。

2. 教学内容

乒乓球项目柔韧素质主要集中在肩、髋、膝盖、手腕和踝关节。

3. 教学目标

柔韧性练习一般安排在主要练习内容之前的准备热身活动阶段或练习内容之后的整理放松阶段。其主要目的是让体温升高,加快血液在肌群中的循环速度,增加身体的活动度,唤醒肌肉感觉,为下一步训练做好准备;或者拉伸肌肉,促进机体迅速恢复。教学目标则是通过柔韧性练习帮助学生感知身体在不同状态下的变化,让学生了解热身活动和整理放松活动可以减少伤病的发生,以及了解热身活动的方法,针对不同肌肉群能够做出相应的锻炼。

4. 教学方法

1) 肩关节柔韧性练习

增加肩关节前后和两侧的活动度,使学生在挥拍时技术动作幅度加大,提高技能表现。具体方法如下:

(1) 学生A面对学生B的背部,两人相距一臂的距离。学生A双手掌心各放一个乒乓球,学生B转身去拿后方的球,双脚和髋关节固定不能转动,从A手中拿到球后返回直立姿势。每一侧做10次。

肩关节柔韧性练习一

（2）学生 A 面对学生 B 的背部，两人相距一臂的距离。学生 A 双手掌心各放一个乒乓球，双臂伸直略高于肩。学生 B 在保持身体和脚步不动、不转身的情况下，一只手臂从肩上方绕过，抓身后面的球。每只手臂做 10 次。

肩关节柔韧性练习二

2）髋关节柔韧性练习

增加髋关节前后和两侧的活动度，使学生在步法移动和在需要转髋的技术动作中提高技能表现。具体方法如下：

（1）向前摆腿。面对墙壁站立，一只腿向前后摆腿，直到可以将腿伸直，前脚掌放在墙壁上尽可能高的位置。重复 10 次后交换另一只腿。

（2）钟摆摆腿。侧对墙壁，靠墙壁的内侧，手臂扶着墙壁，外侧腿尽可能向外摆动，再向内侧回摆。重复 10 次后交换另一只腿。

5. 注意事项

在练习时保证拉伸动作的规范性；动作幅度循序渐进地增大；教师在辅助学生拉伸和摆动时不可用力过度。

5.2.2 全身协调性练习

协调性是学生在完成某一项乒乓球技术时身体各部位相互配合的能力，协调身体各部位在运动中的反应和动作，例如上肢与下肢协调、手眼协调、手足协调等。尽管儿童少年的协调性敏感期开始得较晚，但也可在低年龄段开始进行简单的协调性练习，例如原地接球、移动中接球、使用球拍在行进中抛球和专项的步法练习，以锻炼学生手、眼和腿之间的配合，为学习乒乓球技术打下基础。乒乓球运动需要运动员在场上不同状态下，保持身体姿态在快速移动时的稳定性和击球时的准确性，因此没有好的协调性就无法处理乒乓球技术中的特殊细节。

1. 教学对象

儿童少年的协调性敏感期开始得较晚，可以根据儿童年龄适当地安排一些协调性训练。整个儿童期的学生都是协调性训练的主要对象。

2. 教学内容

手、眼、腿协调配合，具体内容包括专项步法练习和全身、手脚配合协调性练习。

3. 教学目标

提高学生身体协调能力，确保其在维持身体平衡的基础上，能够完成和展示各项运动技能。在情感上增强学生自信，提高学生对协调性在乒乓球运动中重要性的认知，并通过协调性练习，加强自身对身体不同肌肉群的控制能力，掌握用手和球拍控制球的能力，锻炼全身协调性。

4. 教学方法

1）专项步法练习

专项步法练习不仅能提高儿童的移动能力，又能提高其手脚配合的协调能力，是练习协调性的有效方法之一。移动技能是一切运动技巧的基础，是儿童乒乓球学习的第一步。移动技能要通过规律系统的训练慢慢形成，从学习双脚跳、单脚跳、滑步等简单移动步法，到掌握跑步技巧、跨步跳的熟练模式，最后通过追逐、逃跑的游戏帮助学生巩固和强化移动技能，同时提高手脚配合协调能力。以下分别介绍各种步法练习。

(1) 双脚跳:原地跳、向前跳、向后跳、向上跳,每次起跳都需要保持好身体平衡,轻松稳定地落地。双脚跳需要起跳时屈髋、屈膝;向上跳时蹬腿,脚踝向上发力;落地时同样屈髋、屈膝,身体保持稳定。学习方法如下:

①先尝试较低高度的向上跳跃。

②增加向上跳的高度。

③原地向前跳跃。

④连续向前跳跃。

⑤原地向后、向左、向右跳跃。

(2) 单脚跳:双脚跳的进阶版,同样可以原地跳、向前跳、向后跳、向上跳,每次起跳都需要保持好身体平衡,轻松稳定地落地。单脚跳要求单脚起跳,然后用同侧脚落地;另一只腿向上或向后弯曲;向上跳时膝盖不要完全伸直,落地时用脚踝的力量进行缓冲;上臂随着跳起向上摆动以保持身体平衡。学习方法如下:

①一只脚练习 5~10 次,然后换另一只脚。

②一只脚进行单脚起跳,听到信号声后换成另一只脚。

③单脚向前跳跃 10 m,到达后换成另一只脚返回。

(3) 滑步:乒乓球项目的滑步有别于其他项目如篮球、棒球和滑冰等的滑步。学生可以在熟练掌握乒乓球专项滑步步法后,进行其他类型滑步的学习,以增强自身在移动中的协调性。滑步时要求身体侧向移动方向,头朝移动方向转动;两脚分开与肩同宽;先抬起后脚向前脚迅速靠拢,前脚在后脚腾空后向前方跳起;身体暂时腾空;双脚落地时和开始姿势一样,两脚分开。学习方法如下:

①向一个方向滑步 10 m,到达后交换前侧腿返回。

②向一个方向滑步,听到口令后交换前侧腿反方向返回。

③沿着"Z"字形和曲线形做滑步练习。

(4) 跨步跳:是跑步的延伸,也是跳跃的另一种形式。对于低年级的同学难度较大,根据年级的增长和学习能力的提高,可慢慢提高要求以及动作标准程度。跨步跳时,起跳腿快速有力蹬伸并后折;摆动腿屈膝向前的同时,起跳腿向后摆动;加大两腿之间的夹角,尽量保持在空中较长时间的跨步姿势;双臂配合腿部动作做前后摆动。学习方法如下:

①让学生进行跑步和跨步跳的对比,强调跨步跳时在身体腾空阶段双腿迈开。

②将短绳放在地上,每隔 60 cm 放一条短绳,让学生在练习跨步跳时,跨过这条短绳。

③逐步加大短绳与短绳的距离,增大学生跨步的距离。

(5) 交叉步:交叉步和滑步一样是乒乓球项目的基本步法,通常会在身体素质训练中进行练习。交叉步的难度较高,在对低年级学生进行教学时可放慢移动速度,一步一步慢速移动,指导学生掌握运动技巧。交叉步时身体侧向站立,移动方向的前侧腿为支撑脚;身体保持侧向,后侧腿先向身体斜前方交叉跨出一大步;支撑脚跟着向前方迈出;身体保持侧向,后侧腿再向身体后前方交叉迈出;支撑脚跟着向前方迈出,连续前交叉、后交叉交替移动。学习方法如下:

①学生模仿教师示范动作一步一步慢速练习。

②重复练习脚下移动步法后进行完整练习。

③向一个方向交叉步 10 m，到达后交换前侧腿返回。

2）全身、手脚配合协调性练习

通过锻炼学生手感、抛球/控球技能，提高学生手、眼、腿配合能力。学生通过练习加强自身对不同肌肉群的控制能力，进而提高控球能力，提高全身协调能力。全身、手脚配合协调性练习主要包括手脚协调练习、接球练习、颠球练习、跳绳练习。

(1) 手脚协调练习：通过分解和慢动作明确动作要领和手脚动作顺序，学生在头脑里对练习产生概念，反复尝试和重复练习形成肌肉记忆。练习方法如下。

一、二年级专项基础协调性素质练习方法：

①在行进中，学生走三步跺左脚，再走三步跺右脚，直到到达终点。

②在行进中，学生每走三步拍一下手，直到到达终点。

三、四年级专项基础协调性素质练习方法：

①在行进中，每走三步学生拍手一次并跺单脚一次，双脚交替直到到达终点。

②在慢跑中，学生每跑三步将一只腿的膝盖向上抬起直到胸部，双膝交替向上抬起，直到到达终点。

(2) 单、双手接球练习：用双手或惯用手接住投递出来的沙包或球，并保持身体平衡。练习时要求全神贯注盯着沙包或球的运行轨迹，直到接到为止；在接沙包或球时，判断沙包或球的运行轨迹并迅速移动到最合适的位置；接沙包或球时身体保持稳定平衡；手快接触到沙包或球时，手臂向后回收，以缓冲沙包或球的冲击力。练习方法如下。

一、二年级专项基础协调性素质练习方法：

①简单的单手抛接练习，学生自己将球向上抛起，然后再将其接住。

②将球抛向墙面，并在回弹之后单手接住。

③教师将一个有弹性的球向上抛起，学生在球一次反弹或反弹前将其接住。

三、四年级专项基础协调性素质练习方法：

①接住自己抛的球，并在不同的高度使用惯用手接球。

②站在距离墙面 1～2 m 处，将球向墙面用力抛出，待球反弹之后，迅速将球接住。不断改变抛球的方向，学生用惯用手接住不同方位、不同力度的来球。

(3) 球拍抛球练习：在正式拉上台练习乒乓球技术之前，可以让低、中年级学生先尝试用球拍进行抛球练习，锻炼使用机械击球以及手眼协调能力。抛球后，在击球时前臂发力，手腕固定，肩膀放松；球拍将球向上击打；在击中球前球拍向下引，为击球做好准备；球向上抛起 30 cm，为下一次抛球保留足够空间；球拍保持和水平面平行，从下向上挥动球拍；球拍上下晃动幅度不要超过 10 cm。练习方法如下。

一、二年级专项基础协调性素质练习方法：

①原地单面抛球，连续使用球拍的同一面向上抛球。

②行进中单面抛球，并从 A 点到 B 点慢慢移动。

③原地双面抛球，交替使用球拍的两面向上抛球。

三、四年级专项基础协调性素质练习方法：

①原地对墙连续抛球，在球回弹后落地前，再次击球将其抛向墙面。

②行进中双面抛球，交替使用球拍的两面向上抛球，同时从 A 点移动到 B 点。

③双人抛球练习,学生两人面对面站立,每人交替抛球一次,完成尽可能多的回合;根据水平的不同可慢慢拉开两人距离。

④让学生站成一个圆圈,每人手握一只球拍,只使用一个球,连续以顺时针或逆时针方向把球抛给身侧的伙伴,控制好抛球的力度与距离。

(4) 跳绳练习:对发展儿童少年的协调能力、增加肺活量有显著效果。单、双脚跳绳练习时,先听老师节奏跳起,徒手做手臂甩绳动作;按跳绳节奏模仿跳绳动作,增加手脚配合的持续性;然后手握跳绳进行慢动作分解,完成单次跳跃;两臂弯曲,前臂和大臂形成直角,双手握住跳绳的两头,将跳绳甩到身前,在绳子落地时双脚同时跳过;慢慢加快动作速度,直到手脚配合协调,能够完成正常速度的跳绳为止;进行连续的跳绳练习。练习方法如下。

一、二年级专项基础协调性素质练习方法:

①自己向前摇绳完成连续跳跃。

②教师摇绳,学生完成跳跃。

③教师使用长绳,学生进行连续跳跃。

三、四年级专项基础协调性素质练习方法:

①自己向前摇绳,在规定时间内尽可能快速地跳绳。

②自己向后摇绳,完成连续跳跃。

③行进中跳绳,在跳绳的同时从 A 点移动到 B 点。

④跳长绳的学生可挑战穿过长绳跳进跳出。

5. 注意事项

协调性发展年龄较晚,不同年龄阶段的学生学习接受能力有限,在教学和练习过程中需区别对待。首先,专项步法练习必须在安全开阔的练习场地进行,以确保安全;对不同年龄阶段儿童要求不同,要求低年级儿童了解知识和技能,中年级儿童掌握知识和技能,高年级儿童融会贯通,举一反三。

5.2.3 肌肉力量练习

小学体育教学都是由易到难,低年龄儿童身体发育尚未完全,身体力量的训练应该遵循从自身力量发展到练习机械力量的过程。在身体训练的同时感受抓握的力度技巧,为学习乒乓球技术做好铺垫。儿童的力量训练要符合循序渐进以及个性化原则,避免在力量训练时对儿童身体造成伤害,不盲目增加负重,让儿童认识和学习到正确练习动作是力量训练的重点。

1. 教学对象

力量素质是所有身体素质的基础,儿童尤其是低龄儿童的力量训练需要区别对待。整个儿童期学生都是力量发展的主要对象。

2. 教学内容

上肢力量练习、下肢力量练习、核心力量练习。

3. 教学目标

提高全身肌肉力量。通过学习让学生了解肌肉力量对生活中各种活动以及学习运动技能的重要性;学会锻炼上、下肢力量的方法,通过练习逐步增强上、下肢稳定性和力量。

4. 教学方法

1) 上肢力量训练

以练习上肢力量为主,主要包括肩下投掷练习、肩上投掷练习、卧推练习和肱二头肌弯举练习。

(1) 肩下投掷练习:要求双脚前后站立,惯用手手握沙包,同侧脚在后,对侧脚在前;惯用手臂向后伸展到最大幅度,做好投掷的准备;进行投掷时只有手臂向前伸展,手臂不能超过肩膀;将沙包向前向上抛出,抛出的高度在膝盖和头部之间。练习方法如下。

一、二年级专项基础力量素质练习方法:
①练习手臂摆臂动作,多重复几次。
②听到口令后做徒手手臂投掷动作。
③手握沙包,听口令将沙包尽可能远地掷出,使沙包的运行轨迹像彩虹一样呈现弧形的轨迹。
④标记不同距离投掷目标,如 3 m、4 m、5 m,让学生不断挑战自己,每次投掷都尽量扔得远一点。

三、四年级专项基础力量素质练习方法:
①双人练习,在投掷时投向伙伴或者目标位置,尽可能保证投掷精准性。
②投进目标(如呼啦圈、箱子、盒子等)内。
③在移动中投掷到特定范围内。

(2) 肩上投掷练习:肩上投掷和肩下投掷类似,双脚前后站立,侧对投掷目标,惯用手手握沙包,同侧脚在后,对侧脚在前;手臂向上向后伸展,将肘关节抬到肩膀高度;准备投掷时,将髋和脊柱转向目标方向,用肘部率先发力,手臂向前挥动。投掷的精度和远度要高于肩下投掷。练习方法如下。

一、二年级专项基础力量素质练习方法:
①远距离投掷,尽可能转动髋部、脊柱和手臂,逐渐加大每次投掷的距离。
②精准投掷,把球投进目标范围内。

三、四年级专项基础力量素质练习方法:
①通过改变投掷的力量和动作,提高投掷时的精准度,准确地将沙包投向目标位置或小伙伴。
②移动中投掷练习,在奔跑或移动中击中目标物品。

(3) 卧推练习:针对五、六年级学生的专项力量练习。根据学生不同的素质能力,采用 10 RM 的负荷,每次 3~5 组。

(4) 肱二头肌弯举练习:也是针对五、六年级学生的专项力量练习。手持小杠铃,身体核心保持稳定,双手分开握至一个半肩宽的距离,前臂向上收,采用 15 RM 的负荷,每次 3~5 组。

2) 下肢力量训练

下肢力量是儿童在移动时保持稳定平衡的基础,通过锻炼下肢肌肉群,可以防止儿童出现运动损伤,提高运动表现水平。针对儿童的下肢力量练习主要是依靠自身重量的力量练习。对于低年级儿童,运动强度控制在超轻重量。练习方法如下。

一、二年级专项基础力量练习方法:
①跳过小河,在地上标记两条相距 50 cm 的横线作为标志,学生进行跳远练习。

②跳格子,在地上用粉笔或其他标志物画出大小不一的格子,让学生从第一个格子开始跳,一个格子跳一下,直至完全跳出格子。

三、四年级专项基础力量练习方法:

①立定跳远,在地上标记两条相距 1 m 的横线作为标志,学生进行跳远练习,根据学生的能力适当慢慢拉长距离。

②台阶换脚跳,寻找一节楼梯或者一个矮凳,一只脚在地面一只脚在台阶或矮凳上,双脚同时发力,在空中交换上下脚,跳起的同时双臂自然前后摆臂,30 s 为一组,每次 3～5 组。

台阶换脚跳

五、六年级专项力量素质练习方法:

①蛙跳练习,标记起点和终点,学生两脚分开与肩同宽,半蹲,身体稍前倾,两腿发力蹬伸,髋、膝、踝关节充分伸展,双臂在起跳时向前摆动,连续跳跃直到终点。

②蹲起跳,蹲下双手摸地,双腿向上跳起的同时双手越过头顶击掌。

③踮脚跳,小腿踝关节练习,大腿不用力,小腿踝关节发力向上跳起,1 min 为一组,每次 3～5 组。

3)核心力量练习

核心力量是人体的中间区域,包括腹部、背部以及臀部的肌肉群力量。核心力量能够保证人体在呼吸、运动和发力时的身体稳定和力量传导,增强身体控制能力和稳定性,在练习时循序渐进,保证练习动作正确,避免由于动作错误造成损伤。练习方法如下。

一、二年级专项基础力量素质练习方法:

①呼吸练习法,平躺在瑜伽垫上,身体尽可能放松,双手放在肚子上,鼻子吸气至腹部,腹部向上鼓起,胸腔不动,嘴巴慢慢吐气,腹部向下收腹直至所有空气排出。

②仰卧起坐,仰卧,双脚并拢弯曲,双手放置在脑后,利用腹肌向内收缩形成坐姿,回到起始位置。1 min 为一组,每次 3～5 组。

三、四年级专项基础力量素质练习方法:

①转体仰卧起坐,腿部固定后,起身做仰卧起坐,在坐起后左右转身两次,然后回到起始位置。1 min 为一组,每次 3～5 组。

②收腹跳,收腹向上跳,向上跳时大腿向上收至贴近腹部然后放下。10～15 次为一组,每次 3～5 组。

五、六年级专项力量素质练习方法:

①平板支撑,俯卧,双肘弯曲支撑在地面上,身体伸直离开地面,头部、肩部、髋关节和踝关节形成一条直线,腹肌收紧。1 min 为一组,每次 3～5 组。

②侧卧支撑,以侧卧的方式,一只手肘支撑在地面上,另一只手叉腰,髋部缓慢提高离开地面,保持身体稳定性,然后放下。每一边做 10～15 次为一组,每次 3～5 组。

5. 注意事项

在进行训练前,确保人与人之间的安全距离,保证安全性;训练内容的安排需要循序渐进;针对不同年龄阶段的儿童,力量训练内容、强度需要结合儿童生长发育特点区别对待;儿童力量训练增重需要谨慎。

5.2.4 心肺耐力练习

心肺耐力对儿童的健康有着非常重要的作用,而耐力发展的敏感期相对较晚,因此针对少年和成人的训练计划并不适用于学龄儿童。儿童对间歇性的活动和群体类的游戏反应更好,这类活动既可以激发学生的参与兴趣,又能提高整体的身体素质。

1. 教学对象

整个儿童期学生都是心肺耐力发展的主要对象。

2. 教学内容

心肺锻炼有氧练习内容,如跑、跳等。

3. 教学目标

通过群体游戏、连续训练和间歇性训练让学生体会在运动中与人交往合作的乐趣;让学生了解心肺耐力训练的方法和作用;通过练习,增强心肺耐力,提升身体持久耐力。

4. 教学方法

1) 有氧跑

以有氧代谢为主的跑步练习,结合训练方法达到锻炼心肺耐力的效果。有氧跑要求在跑步时双臂前后摆动;身体向前并保持正直;膝盖保持弯曲,不要抬得过高;保持跑步时微微喘气。练习方法如下。

一、二年级专项基础耐力素质训练方法:

①好友同行,让学生在班里找一个朋友在规定时间内一起跑步,鼓励学生全程保持在一起,相互交流。

②学生排成一列,围绕球台蛇形慢跑。

三、四年级专项基础耐力素质训练方法:

①学生每 8 人排成一条纵队面向前方,听到信号后保持列队开始慢跑,再次听到信号时最后一个学生冲到前面成为领队,依次继续直到每个人都成为领队后停止。

②变速跑,在 5 min 内听口哨交替进行慢跑和快步走。

五、六年级专项身体素质训练方法:

①800 m 跑练习,热身后开展 800 m 跑,跑步时注意调节速度和呼吸节奏,每次 2~3 组。

②1500 m 跑练习,热身后开展 1500 m 跑,开始阶段不要过于快速,以匀速跑完 1500 m,每次 1~2 组。

2) 循环训练练习

由不同练习组合;采用间歇训练,组合间休息不充分;组合设计上针对不同身体素质或身体部位,让全身都得到锻炼的同时又不至于让某个部位过于疲劳。练习方法如下。

一、二年级专项基础耐力素质训练方法(内容少于 5 个、难度简单):

①原地慢跑—"跳房子"跳过呼啦圈—垫子爬行—蛇形绕过标志物—到达终点。

②慢跑—跳绳—连续双脚跳过 3 个障碍物—抛球 10 次—到达终点。

三、四年级专项基础耐力素质训练方法(难度增强、强度增大、提高身体素质):

①原地高抬腿—5 个仰卧起坐—5 m 往返跑 5 次—跳绳—蛇形跑绕过障碍物—到达终点。

②慢跑—跳绳—抛球蛇形障碍物—爬行通过垫子—冲刺—到达终点。

5. 注意事项

内容要丰富,形式要多样,以激发学生参与兴趣;不同阶段儿童练习内容需区别对待;循环练习内容安排需要顾及身体各个部位,防止某一部位过度疲劳。

5.2.5 提升速度练习

结合乒乓球专项特点,将速度分为学生跑动速度、变换方向时的反应速度以及挥拍时的收臂速度。在乒乓球训练和比赛中有频繁的起动、制动、变向等。学生或运动员速度的提高可以使他们超过对手,迅速做出反应,寻找更好的时机和机会击球。

1. 教学对象

整个儿童期学生。

2. 教学内容

反应速度练习、位移速度练习、动作速度练习。

3. 教学目标

学生通过训练形成正确有效率的练习动作和技术动作,减少错误动作带来的能量消耗和速度损失。通过提高速度素质的练习,学生在运动中对自身表现能力的自信增加,了解了速度的分类,以及在乒乓球运动中速度的主要表现形式,同时提高各方面速度素质。

4. 教学顺序及练习方法

1) 反应速度练习

提高学生反应应答的速度,速度练习的时间不能过长,避免造成疲劳,降低反应速度;同时需注意学生动作的正确性,形成正确的肌肉记忆。一、二年级的低龄儿童应多加练习。练习方法如下。

①变向跑,在起点前后左右 10 m 处各放置一个锥桶,开始计时后让学生尽可能快速地在绕过每一个锥桶后折返到起点,直到绕过所有锥桶回到起点时停止计时。

②听口令加速跑,教师用锥桶标记跑步起点和终点,两点距离 20 m,学生背对起跑线,听口令转身跑向终点。

③手势刺激训练法,学生紧盯教师手势,根据教师不同手势做出不同的反应动作的练习。

2) 位移速度练习

提高动作速度离不开力量,在乒乓球运动中无论是挥拍速度还是位移速度,都需要力量的加持,因此,提高动作速度的练习使用加难法有很好的效果,一般更适用于中高年级的学生。在加大难度和阻力训练之后,迅速将难度和阻力还原,利用肌肉神经对前面负重加难练习的反应,在卸下难度后提高动作速度。练习方法如下。

三、四年级专项基础速度素质练习方法:

原地高抬腿后接 50 m 冲刺练习,锻炼学生反应速度和位移速度。

五、六年级专项速度素质练习方法:

①上坡阻力跑,上坡时将身体重心前倾,加大摆臂动作跑动,上坡距离 20~50 m,然后马上在平地上继续冲刺 25 m。

②学生双腿各绑 1.5 kg 沙袋,进行两点滑步练习,每次练习时间为 1 min,结束后迅速卸下沙袋进行短距离(10~20 m)冲刺,练习 3~5 组。

3) 动作速度练习

加快乒乓球动作速度,练习时注意在保证练习动作标准和稳定的前提下采用增减阻力练习,练习中要避免动作变形和造成损伤。练习方法如下。

一、二年级专项基础速度素质练习方法：

减阻训练法，学生不握球拍进行徒手乒乓球技术动作练习，试图把动作做得更加标准，快速掌握手臂收臂动作以及转髋的发力要领。

三、四年级专项基础速度素质练习方法：

学生持铁拍做乒乓球徒手动作练习，保持正常乒乓球动作速度，如正手拉球或反手拉球，每个动作做20～30次后放下铁拍换成普通球拍，继续挥拍10次。

5. 注意事项

反应速度练习需要精神高度集中，练习时间不宜过长，练习对象主要为低龄儿童；速度训练前应充分热身，保持安全距离，避免不必要的损伤。

5.2.6 灵敏性训练

乒乓球的灵敏性素质是指运动员在变化的情境中，迅速准确地改变身体，调节运动动作的能力，其中包括肢体的反应速度、位移速度、身体的活动范围和柔韧性，是一项复合型的素质。灵敏性训练主要涉及学生在移动中的身体意识和节奏。当学生在面对不同速度执行不同动作时，身体感觉越好，动作越轻松，才越容易成功；并且在组合不同技术时，能够找到流畅的方式过渡。

1. 教学对象

整个儿童期学生。

2. 教学内容

灵敏性训练。灵敏性训练是学生整体综合能力的表现，内容安排应根据学生不同的身体条件因材施教。

3. 教学目标

学生通过灵敏性练习，提高全身综合能力，激发练习的兴趣；了解灵敏性素质在乒乓球运动中的重要性；通过灵敏性训练增强移动时对身体的控制能力。

4. 教学顺序及练习方法

身体控制训练，在移动中唤醒身体意识，控制身体动作。练习方法如下。

一、二年级专项基础灵敏性素质训练方法：

①反复从椅子上跳下至地板，几次跳下之后改变落地姿势，学生利用髋关节、手臂、肩膀来转动身体，落地时身体左侧或右侧与凳子成90°角。

②前后左右十字跳，在地上标记一个"十"字，学生站在中间，膝盖弯曲压低重心，双脚同时跳跃，跳跃顺序是前中后中左中右中。

三、四年级专项基础灵敏性素质训练方法：

①敏捷梯横向移动，身体侧对敏捷梯，两只脚依次放入梯子的每一格，然后移动到下一格，动作轻快，节奏感强，脚踝有弹性，连续快速移动直至跑完所有格子。

②敏捷梯交叉步练习，用前交叉步的方式一步一个格子，从起点到达终点后交换另一条腿前交叉返回。

五、六年级专项身体灵敏性素质训练方法：

①10 m短距离折返跑练习，学生在短距离内多次进行折返跑，锻炼学生运用合理步频、速度以及转身降速的能力，1 min为一组，每次3～5组。

②并步单手摸球台练习，学生站在球台侧面，脚下使用并步，尽可能快速地使用一只

手摸球台两边的两条端线,1 min 为一组,每次 3~5 组。

③绕台跑训练法,采用多种乒乓球步法的组合围绕球台移动,学生从球台一侧端线出发,身体始终面向前方,使用滑步、向前跑、倒退跑围绕球台移动。顺时针一圈,逆时针一圈,交替进行。1 min 为一组,每次 3~5 组。

绕台跑

5. 注意事项

灵敏性不仅受到生理因素的影响,也受练习者心理状态影响。在练习过程中教师应提醒学生不要盲目发力,鼓励学生尝试。

5.3 乒乓球运动身体素质测试

身体素质测试能够反映儿童少年各项身体素质的表现,针对不同年龄层次人群有不同的测试方法和测试标准。身体素质测试应该全面包括身体形态、身体机能、心肺耐力、肌肉力量、速度素质、柔韧性、耐力素质。学生应该在测试前的 2~6 周里练习每个项目,了解各个项目的测试方法并提高身体素质水平。因为测试的目的是保证测试结果可以显示出个体的差异,而不是对测试的熟悉程度。小学学生将被划分为三个测试组:一、二年级,三、四年级,五、六年级。

5.3.1 一、二年级学生身体素质测试内容

低年级的学生各项身体技能还在发展阶段,不适宜进行高强度的体能测试,主要进行身体形态和机能的测量。

1. 身体机能形态测量

身高:测试学生骨骼生长发育水平。测试时,学生光脚以立正姿势站在身高测量仪上,脚跟并拢,挺胸,头部正直,双眼注视前方。数据以厘米为单位,保留小数点后一位。

体重:测试学生身体发育程度和营养状况。学生尽量减少负重,站在体重秤的中间,等待稳定后读取数据,以千克为单位,保留小数点后一位。

肺活量:测试学生肺的容积和扩张能力。使用肺活量测试仪,学生双手握紧仪器手柄,深吸一口气,将嘴对准计量口,计量口贴近嘴周围的皮肤,不能漏气,然后匀速将气体全部呼出。测试两次,取较大值。

2. 柔韧性测试

坐位体前屈:采用坐位体前屈测试仪测量。学生坐在测试仪上,双腿伸直,脚跟脚尖并拢,脚掌蹬在测试仪平板上,上体前屈,用双手指尖推动仪器指示标志前移,直到不能移动为止。测试两次,保留小数点后一位,取较大值。

肩关节活动度:采用量角器测量。方法 1:学生保持站立位,双臂伸直下垂置于体侧,掌心向内。以肩峰为轴心,手臂在矢状面上向前上方运动,记录手臂从身侧下垂到向上抬起的角度。测试两次,取较大值。方法 2:学生保持俯卧位,手臂放置在身体两侧,双臂在矢状面向后抬起,以关节侧方肩峰为轴心,记录手臂从身体两侧向后方抬起的角度。测试两次,取较大值。

3. 力量素质测试

上肢力量。沙包掷远:采用卷尺测量。画一个长 10 m、宽 3 m 的长方形,一侧端线

为投掷线。测试3次,取最大值。

下肢力量。立定跳远:学生双脚自然分开,站在起跳线后,双腿蹬地,伸髋同时双臂随势向前摆动,尽力向前跳跃。测试两次,取较大值。

核心力量。1 min仰卧起坐:测试时学生仰卧于垫子上,双腿并拢并屈膝90°,双手交叉抱于脑后,固定住双脚,学生快速起坐,双肘触及膝盖计数1次。教师计时1 min,并记录完成次数。

4. 速度素质测试

反应速度。选择反应时,采用反应测试机测试。测试时,学生按住"启动键",等待信号开始闪烁,当任意信号键开始闪烁时以最快速度去按该键。然后再次按住"启动键"等待下一次信号,一共有5次信号。测试两次,取较好成绩。

位移速度。50 m冲刺:学生在起跑线准备,等待教师发出口令后全力向重点冲刺。一共测试两次,选取较好成绩,保留小数点后一位。

5. 灵敏性测试

10 m折返跑。在地面上间隔10 m放置两个锥桶,学生以站立姿势在起跑线准备,听到口令后全力跑向折返线然后返回。测试两次,记录较好成绩,保留小数点后一位。

5.3.2 三、四年级学生身体素质测试内容

经过一段时间的训练,学生在8岁以后肌肉发育速度极快,能够进行抽象的思维活动。9~10岁的男生女生身体素质水平没有显著差别,身体发育水平基本持平。随着乒乓球训练年限的增加,学生身体素质相应提高。三、四年级是身体素质发展的敏感期,这一阶段是学生改善和提高身体素质的关键时期。

1. 力量测试

上肢力量测试采用沙包掷远;下肢力量测试采用立定跳远;核心力量测试采用1 min仰卧起坐测试。各种测试方法同前文所述。

2. 灵敏性测试

1 min单摇跳绳。教师手持秒表,学生持绳听教师口令,开始进行快速单摇跳绳。教师计时1 min,记录学生跳绳个数。

左右捡球移动跑。在地板上相隔3 m处放置两个盆子,一个盆子装30个球,另一个盆子空着,学生听到口令后开始移动,使用惯用手和滑步将盆子里的球全部转移到空盆子里,一次只能拿一个球。教师用秒表计时,当球全部交换到另一个盆子里时停止计时。

3. 速度素质

位移速度。100 m跑,学生在起跑线准备,等待教师发出口令后全力向终点冲刺。教师用秒表计时,一共测试两次,选取较好成绩,保留小数点后一位。

反应速度。听口令转身跑,学生背对跑道,听到口令后转身冲刺25 m。教师用秒表计时,测试两次,记录较好成绩,保留小数点后一位。

4. 心肺耐力测试

800 m测试,在标准的400 m田径场进行测试。学生听到口令后起跑,以学生胸部到达终点为止停表。教师用秒表计时,并记录成绩。

5.3.3 五、六年级学生身体素质测试内容

学生在这一阶段进入人体神经发育的高峰期,身体素质有了明显提高,男生女生开始显现出差异。学生在学习技术动作时记忆快速又准确,有很强的模仿能力。

1. 力量测试

1) 上肢力量

握力测试,采用握力计测试。学生调试握力计的握距至适宜位置,然后用惯用手握住握力计,身体直立,手臂自然下垂,用最大力气握紧握柄,禁止摆臂、下蹲。测试两次,取较大值,保留小数点后一位。

卧推,采用杠铃测试。学生仰卧在卧推凳上,双手握距比肩稍宽,取下杠铃后慢速放下杠铃直到上臂与地面平行。记录学生以正确卧推姿势只能推起一次的最大重量。

2) 下肢力量

纵跳,采用纵跳仪测试。学生直立站在纵跳仪上,全力垂直向上跳起,双脚不能有垫步。测试两次,取较好成绩,以厘米为单位,记录小数点后一位。

负重深蹲,采用杠铃辅助测试。学生将杠铃放在肩膀上,双脚分开略宽于肩,背部挺直,双手握紧杠铃,膝盖弯曲直到大腿和地面平行,再用力向上蹬起,回到起始位置。记录学生以正确姿势只能蹲起一次的最大负重。

2. 耐力测试

台阶测试,采用台阶、秒表、节拍器辅助测试。学生直立站在台阶前,按照节拍器提示的节奏做上下台阶运动,当听到节拍器第一次出声时一只脚踏上台阶,听到节拍器发出第二声时另一只脚也踏上台阶并双腿伸直,当听到第三声时,先踏上台阶的脚下来,听到第四声时另一只脚也下台阶。连续运动 3 min 后停止。开始记录学生停止运动后 1 min、2 min 和 3 min 时 30 s 的脉搏数。评定指标分数=(台阶运动持续时间×100)÷(2×3次测量脉搏之和)。分数越高,心肺能力越强。

1500 m 跑,在标准的 400 m 田径场进行测试。学生听到口令后起跑,以学生胸部到达终点为止停表。教师用秒表计时,并记录成绩。

3. 灵敏协调性测试

1 min 双摇跳绳。学生手握跳绳准备,教师发令开始计时后,学生开始双摇跳绳,向上跳起一次,手腕转动跳绳两次。1 min 后停止,教师记录学生跳起次数。

4. 速度素质

位移速度采用 100 m 跑测试,反应速度采用听口令转身跑测试,具体方法同上。

身体素质测试必须和训练内容相结合,合理有效,易于操作。对不同年龄段、专业与非专业学生的要求和指标各不相同,需要具体内容具体分析,测试指标的确定主观性比较强,应将不同训练内容、训练计划与训练年限相结合,制订不同的评价标准。

5.4 思 考 题

1. 乒乓球项目对练习者身体素质有哪些要求?
2. 乒乓球项目的速度素质主要体现在哪些方面?
3. 如何提高练习者的灵敏性素质?

4. 不同年龄段儿童力量素质的训练方法有哪些？

本章参考文献

[1] 梁洋.我国乒乓球后备力量科学选材与培养研究[D].郑州:郑州大学,2016.
[2] 隗金水.运动员选材的选育结合理论与实证研究[M].北京:北京体育大学出版社,2006.
[3] 姜鹏.我国优秀女子乒乓球运动员竞技年龄特征的研究[D].长春:东北师范大学,2010.
[4] 王家正.男子少年、女子青少年乒乓球运动员专项素质的测定与评价[J].北京体育学院学报,1992(3):89-93.
[5] 田麦久,等.运动训练学(体育院校通用教材)[M].北京:人民体育出版社,2000.
[6] 田麦久.运动训练学[M].北京:高等教育出版社,2006.
[7] 全国体育院校教材委员会.运动训练学[M].北京:人民体育出版社,2000.
[8] 邓树勋,等.运动生理学[M].北京:高等教育出版社,1999.
[9] 全国体育院校教材委员会.运动生理学[M].北京:人民体育出版社,1991.
[10] FORAN B.高水平竞技体能训练[M].袁守龙,刘爱杰,译.北京:北京体育大学出版社,2006.
[11] 齐飞.篮球运动对少年儿童身体素质影响的研究与分析[D].北京:北京体育大学,2017.
[12] 刘爱杰.耐力性竞速项目专项运动素质的整合[D].北京:北京体育大学,2011.
[13] 何佳佳.羽毛球训练对小学生身体素质影响的实验研究[D].西安:西安体育学院,2014.
[14] 张亮亮.湖北省优秀男子乒乓球运动员身体素质训练水平综合评价研究[J].价值工程,2012,29(12):175-176.
[15] 唐建军.乒乓球运动教程[M].北京:北京体育大学出版社,2005.
[16] 陈作珺.湖北省青少年男子乒乓球运动员运动素质训练监控指标的研究[J].体育成人教育学刊,2010,26(1):69-71.
[17] LANCASTER S,et al.青少年身体素质练习方法[M].史东林,等,译.北京:人民邮电出版社,2017.
[18] SHAPE America,et al.美国小学体育课程指导[M].李永超,译.北京:人民邮电出版社,2018.
[19] National Association for Sport and Physical Education,et al.儿童青少年体适能教师教学指导[M].田亨,译.北京:人民邮电出版社,2020.
[20] VIRGILIOS J.儿童身体素质提升指导与实践[M].王雄,译.北京:人民邮电出版社,2017.

第 6 章

乒乓球竞赛组织与执裁能力培养

在中小学开展乒乓球竞赛意义重大,掌握乒乓球组织竞赛方法,既是乒乓球竞赛组织的目标之一,更是培养中小学生公平的竞技体育精神的前提。本章对乒乓球赛制、竞赛组织抽签、组织编排、竞技组织方法、裁判组织要求等展开系统阐述,依循由浅入深、逐层递进式的课程逻辑,引导学生更好地理解和掌握本章内容。本章旨在使未来体育教师能全面理解开展乒乓球竞赛活动的意义,了解乒乓球赛事和赛制特点及乒乓球赛事组织流程,具备乒乓球赛事抽签、编排、组织和临场执裁所需的知识与能力,为今后在中小学开展乒乓球赛事活动打下坚实的基础。

6.1 竞赛的意义和种类

乒乓球运动是一项男女老少皆宜,在生活中普及率很高的运动。乒乓球堪称我们的"国球",在祖国的长城内外、大江南北,都能看到乒乓球的身影,都能听到关于乒乓球的消息和故事,乒乓球文化也因此渗透每个中国人的心。当今,在世界各地,乒乓球运动也越来越得到人们的喜爱。乒乓球作为一项竞技运动项目,长盛不衰的原因在于乒乓球项目的特点。乒乓球运动对运动者身体素质、运动技能、心理素质、智能水平、协同合作能力都提出了一定的要求。参与乒乓球运动能有效地发展学生身体素质、运动技能、合作能力、智能水平,甚至学生的身体形态、生理机能、心理素质都能得到有效的改善。然而普通中小学乒乓球运动的开展情况在某些方面却不容乐观,如何有效地全面开展和推动乒乓球运动在中小学蓬勃发展,同时带动中小学体育的发展,是我们需要解决的问题。故此,本章选定普通中小学乒乓球运动作为研究对象,通过对目前一些普通中小学乒乓球运动的发展现状进行研究,探讨其生存环境、发展方向,进一步揭示乒乓球运动的特点、影响其发展的有关因素,提出适合普通中小学乒乓球运动发展的相应对策,为普通中小学乒乓球运动的发展以及中小学其他体育运动项目的发展提供一定的理论依据和参考。

体育教学是学校体育的中心环节,是学生获取体育知识、掌握运动技能的重要途径。在体育课上实施乒乓球教学是中小学学生学习乒乓球技能的直接渠道。调查发现:学校只有在进行分项后才开展乒乓球教学,60%的中小学没有开展乒乓球课程。在教学内容上,普通中小学体育教学自课程改革之后,更加注重对学生兴趣爱好的培养,乒乓球的教学可以培养学生对乒乓球运动的兴趣,促进学生健康成长。在中小学体育与健康教学计划中,乒乓球在普选教材球类项目中,其中发球技术、推挡攻球技术也在学生所需要掌握的计划之内,以中小学课程目标为中心的乒乓球教学计划有利于更好地促进乒乓球的发展。然而在落实教学计划时存在一些问题,不同学段的教学内容与教学目标基本一致,没有系统的学段教学计划安排。一些研究表明,乒乓球教学内容结构单一,缺乏系统性、整体性、适应性,课程结果也具有一定的片面性,很难满足学生的要求及学生个性和能力的发展需求。缺乏系统的课程安排,造成乒乓球课一直处于简单的重复状态,学生学习技能的水平也处于初级尝试阶段,学生的技能得不到提高。在教学上,教学方法陈旧,教学手段单一,很多体育教师都沿袭"传统式"体育专业技术的教学,学生兴趣不大,积极性不高,很难提高技术水平。乒乓球教学过分强调统一的过程,只注重教师的主导性,忽视学生的主体性,重教而不重学,重统一而不重多样,没有形成一种多边互动的模式;教师讲解示范反反复复,学生按要求练习,学生的智力得不到开发,思维受到限制,并且在教学中都是以"竞技教育"为主的教学,追求的是对技术动作的掌握,学生被动性较强,扼制了学生主动能力的培养,很大程度上影响教学效果。

普通中小学乒乓球课外运动开展现状不容乐观,为此,开展中小学乒乓球竞赛可以很好地促进中小学乒乓球运动的开展。乒乓球是一项竞技体育项目,具有很强的观赏性,可以很好地吸引学生,激发学生学习乒乓球的兴趣,促进乒乓球在中小学的广泛开展,也有利于乒乓球文化的发展,再一次弘扬乒乓外交精神,鼓舞学生的斗志,进行爱国主义教育,提高学生的综合素养。同时,在中小学开展乒乓球竞赛活动,有助于竞技体育与学校体育有机结合,培养学生的竞技体育意识,更有助于传播竞技体育文化,提高学生的体育文化素养。

乒乓球运动在中小学难以开展的另一个主要原因就是乒乓球的竞赛活动组织过于单一,为此,我们可以在中小学进行一些乒乓球理论课程的指导,完善乒乓球竞赛活动的种类,可以开展男单、女单、男双、女双、混双以及趣味乒乓球比赛等,培养学生的学习兴趣,激发学生的学习热情,促进乒乓球运动在中小学顺利开展。

循环赛制和淘汰赛制是乒乓球比赛中常用的两种基本赛制。在世界锦标赛团体赛中一般采用先分组单循环赛,各组同名次进行第二阶段的单淘汰赛并增加附加赛的方式排出参赛队伍全部名次,此为两个阶段的循环赛与淘汰赛结合的竞赛办法。世界锦标赛单项比赛主要采用单淘汰赛,但也可以先分组进行单循环赛,第二阶段再采取单淘汰赛和附加赛的混合赛制。国内高级别比赛如全运会、城运会等团体决赛引进佩奇制,以避免出现消极比赛的现象。

1. 循环赛制

循环赛制是使参赛的各队伍或运动员之间轮流比赛的办法,彼此之间轮流比赛一次,称为单循环赛,轮流比赛两次称为双循环赛。单循环赛是目前比赛中常用的办法。循环赛制使参加比赛的队伍或运动员之间轮流比赛,比赛机会多,比赛成绩比较客观。但是,如果参加比赛的队伍或运动员数量多,比赛的场次就多,对场地、时间、经费等要求就很高。在此情况下,一般将参赛队伍或运动员分成若干平行组进行分组循环赛,使比赛的总场数减少,以节省时间。分组循环赛后,再安排第二阶段的比赛,最终决出需要录取的名次。在单循环赛中,各队伍或运动员均出场比赛一次,称为"一轮"比赛;两个队伍之间的比赛为"一次"比赛;每两个(或两对)队员之间比赛一次,称为"一场"比赛。

1) 单循环赛场数、轮数的计算方法

单循环赛场数的计算公式:总场数 $= \dfrac{n(n-1)}{2}$。其中,n 为参赛队伍数或运动员人数,$n-1$ 即参赛队伍或运动员要与除自身外其他所有的队伍或运动员比赛的场数,在计算各队伍或运动员比赛场数时,彼此有一半的场数是重复计算的,故需要除以2。

单循环赛轮数的计算方法:当 n 为偶数时,轮数＝n－1。如:8个队伍参加比赛,轮数＝8－1＝7。当 n 为奇数时,轮数＝n。如:9个队伍参加比赛时,轮数＝9。

2) 循环赛轮转办法

为使比赛保持一定的秩序并使各个参赛队伍或运动员之间保持进度的一致性,需要采取相应的轮转办法。常用以下几种方法。

(1) 逆时针轮转法。

逆时针轮转法是单循环赛最常用的一种轮转办法。这种轮转办法是使1号位固定不动,其他号位每轮按逆时针方向轮换一个位置,即可排出下一轮直至全部的比赛秩序,如果参赛队伍数(运动员人数)是奇数,则用"0"补成偶数进行上述轮转,与"0"相遇的队伍(运动员)轮空。

例:8个队伍参加比赛,排法如下。

第一轮	第二轮	第三轮	第四轮	第五轮	第六轮	第七轮
1—8	1—7	1—6	1—5	1—4	1—3	1—2
2—7	8—6	7—5	6—4	5—3	4—2	3—8
3—6	2—5	8—4	7—3	6—2	5—8	4—7
4—5	3—4	2—3	8—2	7—8	6—7	5—6

例:7个队伍参加比赛,排法如下。

第一轮	第二轮	第三轮	第四轮	第五轮	第六轮	第七轮
1—0	1—7	1—6	1—5	1—4	1—3	1—2
2—7	0—6	7—5	6—4	5—3	4—2	3—0
3—6	2—5	0—4	7—3	6—2	5—0	4—7
4—5	3—4	2—3	0—2	7—0	6—7	5—6

逆时针轮转法的特点是使最有可能成为冠亚军决赛的比赛安排在整个比赛秩序的最后一轮,使比赛在最后阶段进入高潮。最强的"1"号队伍或运动员的比赛对手实力由弱到强,与最强的一个对手"2"号队伍或运动员在最后一轮相遇,在理论上体现了对最强队的照顾;各轮比赛强弱的搭配相当均匀。

(2) 顺时针轮转法。

顺时针轮转法即先确定最后一轮的比赛,再固定1号位,其他号位按顺时针方向轮转一个位置,直至倒推出各轮比赛秩序的办法。

例:8个队伍参加比赛,排法如下。

第一轮	第二轮	第三轮	第四轮	第五轮	第六轮	第七轮
1—4	1—6	1—8	1—7	1—5	1—3	1—2
2—6	4—8	6—7	8—5	7—3	5—2	3—4
3—8	2—7	4—5	6—3	8—2	7—4	5—6
5—7	3—5	2—3	4—2	6—4	8—6	7—8

顺时针轮转法的特点是在最后一轮安排了四场实力最接近的比赛,使最后一轮的每场比赛都很精彩。但它有明显的缺陷,即各轮比赛中强弱的搭配很不均匀。这种方法在乒乓球比赛中经常被采用。现在的小组循环赛是由计算机按照此方法进行编排的,并且结合第二阶段小组将要录取的名次进行调整。

例：小组 8 人，第二阶段录取前 2 名。最后一轮按照"关键场次"的原则，排法如下。

$$1—8$$
$$2—3$$
$$4—5$$
$$6—7$$

(3) 大轮转、小调动。

大轮转、小调动即在逆时针轮转法的基础上，根据某种需要对某个场次或轮次进行个别的小调动的方法。比如：为了满足电视转播的要求，把需要转播的轮次与其他轮次互相调换，也可对需转播的场次在同一轮中的顺序加以调整，以满足特定转播时间的要求。

3) 分组循环赛

在参赛队伍数量或运动员人数较多且最后排名又十分重要的情况下，用单循环比赛不能达到较理想的效果，此时可采用分组循环赛的办法，这样可以减少总比赛场数。但是，在分组时要使每个小组的队伍数量或运动员人数相等，或各平行小组之间的队伍数量或运动员人数的差不超过 1。

(1) 分组不分阶段的循环赛。

一种方法是采用等级制比赛。各队伍或运动员按照技术水平区分为若干等级，进行分组循环赛。

例如：40 个队伍参加一次比赛，将这 40 个队伍按技术水平分成甲、乙、丙、丁 4 个级别，每个级别 10 个队伍，比赛只在同一级别内进行，共需 180 场比赛。而若 40 个队伍仅进行单循环比赛，则需 780 场比赛。

另一种方法是分区比赛，按地区进行分组，将各队伍或运动员划为若干组别进行分组循环赛。比如将 30 个队伍分成 4 个赛区，每个赛区 7～8 个队伍进行循环赛，各赛区的比赛结束，整个分区赛亦宣告结束。7 个队伍的赛区总比赛场数为 $7\times6/2=21$（场）；8 个队伍的赛区总比赛场数为 $8\times7/2=28$（场）。4 个赛区总场数为：$21\times2+28\times2=98$（场）。而若 30 个队伍仅进行单循环比赛，则需要场数为 $30\times29/2=435$（场）。

(2) 分组又分阶段的循环赛。

用分组循环赛的办法，把比赛分为两个阶段或更多阶段，可以用比较少的比赛场数完成所有阶段比赛，同时产生所有参赛队伍或运动员的名次。如 30 个队伍参加比赛，第一阶段分 8 个组进行单循环赛，第二阶段由第一阶段比赛各小组同名次的队伍重新组成 4 个组，分组循环，决出全部 30 个队伍的名次。全部比赛共需 141 场，而若 30 个队伍仅进行单循环比赛，则需 435 场比赛。

4) 单循环赛名次计算办法

单循环赛名次的确定：单循环赛中分数按胜一次（场）积 2 分、负一次（场）积 1 分、弃权积 0 分计算，积分越多名次越列前，积分越少名次越列后。若有两个队伍（运动员）获胜次数相等，则胜方名次列前。两个以上的队伍（运动员）获胜次数相等，则根据他们相互之间比赛的胜负比率（胜/负）来决定名次。首先计算次率，其次计算场率，再次计算局率，最后计算分率，直至算出全部名次为止，如表 6-1 所示。

表 6-1 单循环赛名次计算办法示例

参赛队伍	A	B	C	D	E	F	得分	计算	名次
A	—	3:1	2:3	2:3	0:3	3:1	7	4,3,5/4	4
B	1:3	—	3:0	2:3	1:3	3:2	7	4,3,4/3	3
C	3:2	0:3	—	2:3	2:3	3:0	7	4,3,3/5	5
D	3:2	3:2	3:2	—	0:3	L	7	6	2
E	3:0	3:1	3:2	3:0	—	3:1	10		1
F	1:3	2:3	0:3	W	1:3	—	6		6

注:表中 L 表示弃权的一方,积分为 0;W 表示未弃权的一方,积分为 2。

2. 淘汰赛制

淘汰赛制分为单淘汰赛和双淘汰赛两种办法。在乒乓球比赛中一般采用单淘汰赛办法,即按编排的秩序由相邻的两名参赛者进行比赛,胜者进入下一轮,负者被淘汰,最后一名未被淘汰的参赛者即是这次比赛的冠军。常规的乒乓球单项比赛都采用单淘汰赛的比赛办法。世界乒乓球锦标赛的男子单打、男子双打、女子单打、女子双打和混合双打,以及男、女团体赛的第二阶段也采用淘汰赛制。淘汰赛制具有非胜即败、对抗性强、竞赛效率高的特点,对参赛运动员的技术和心理都是一次考验。由于每次参赛人数无定数使单淘汰赛的号码位置数不一样,导致比赛中各轮出现轮空等不完整性,以及参加单淘汰赛的运动员所占的位置、所遇到的对手强弱使比赛结果具有较大的偶然性等问题,因此需要采取相应的技术手段加以克服,才能使淘汰赛得以顺利进行。

1) 克服单淘汰赛不完整性的办法

由于每次参赛运动员(队伍)数量不同,当参赛运动员(队伍)数量不满足 2^n 时,就会有每轮比赛出现轮空的现象。为克服这一现象给比赛带来的问题,需要根据参赛运动员(队伍)数量选择号码位置数来一次性解决此问题。

首先,采用选择号码位置数的办法克服比赛的不完整性。选择号码位置数:应根据参赛运动员(队伍)数量,选择最接近的、较大的 2 的乘方数作为整个比赛的号码位置数。较常用的号码位置数有:

$$2^4 = 16 \quad 2^5 = 32 \quad 2^6 = 64 \quad 2^7 = 128$$

其次,以设置"轮空""抢号"的办法克服比赛的不完整性。当以 2^n 来选择号码位置数时,还会出现所选择的号码位置数稍大于参赛运动员(队伍)数量或稍小于参赛运动员(队伍)数量这两种现象。通过设置"轮空"或"抢号",使第一轮比赛的号码位置数正好是 2 的某次乘方数,可克服单淘汰赛秩序的不完整性。

(1) 轮空。

选择的号码位置数稍大于参赛运动员(队伍)数量时,出现没有运动员的号码位置称为轮空位置。轮空位置数=号码位置数-参赛运动员(队伍)数量。

例如:轮空位置在 2 号时,1 号选手轮空,即与轮空位相邻的 1 号选手在不经过角逐的情况下直接进入下一轮比赛。

轮空位置应均匀地分布在各个区内。在"种子"与"非种子"之间,"种子"优先轮空;在"种子"内部,"种子"序号在前的优先轮空。轮空位置号码可查轮空位置表获得。

查表方法:按轮空位置数,依次(逐行由左向右)摘出小于比赛位置数的号码,即为轮空位置号码。

例如：59 人参加比赛，应选用 64 个号码位置，有 5 个轮空位置，依次从左向右摘出小于 64 的 5 个号码——2、63、34、31、18，即为轮空位置号码。轮空位置表如下。

轮空位置表

2	255	130	127	66	191	194	63
34	223	162	95	98	159	226	31
18	239	146	111	82	175	210	47
50	207	178	79	114	143	242	15
10	247	138	119	74	183	202	55
42	215	170	87	106	151	234	23
26	231	154	103	90	167	218	39
58	199	186	71	122	135	250	7
6	251	134	123	70	187	198	59
38	219	166	91	102	155	230	27
22	235	150	107	86	171	214	43
54	203	182	75	118	139	246	11
14	243	142	115	78	179	206	51
46	211	174	83	110	147	238	19
30	227	158	99	94	163	222	35
62	195	190	67	126	131	354	3

（2）抢号。

单淘汰赛中采用的抢号办法是指根据参加比赛的运动员（队伍）数量，选择最接近的、稍小的 2^n 作为号码位置数。如 67 名运动员参加比赛，应当选用 64 个号码位置，而不采用 128 个号码位置。如果参加比赛的运动员（队伍）数量稍大于 2^n，安排轮空则会出现过多的轮空位，在实际操作时有诸多不便。在这种情况下采用抢号的方法较好，即在某一个号码位置上同时安排两名运动员（两个队伍）进行先期"预选赛"，比赛的胜者即抢得该号码位置。经过一轮抢号比赛后余下的运动员（队伍）数量正好为 2 的乘方数。

抢号数目：抢号数目＝运动员（队伍）数量－号码位置数。

抢号位置：抢号和轮空只是形式上的变化，而没有任何实质性的区别。抢号的位置号码可直接从轮空位置表中查得，如 69 名运动员参加比赛，应选用 64 个号码位置数，有 5 个抢号位置，在轮空位置表中从左至右依次摘出小于 64 的 5 个号码——2、63、34、31、18，即为抢号位置号码。

2）克服单淘汰赛合理性差的办法

由于参赛选手之间可能存在较大的实力差别，为避免强手遇强手、弱手遇弱手，最后出现部分弱手也进入后期比赛的现象，以保证整个比赛成绩的相对客观性，因此可通过设定"种子"的办法，使实力最强的运动员或队伍合理分布到不同区域的不同号码位置上，使他们在比赛后期才可能相遇。

（1）设定"种子"选手。

确定"种子"和"种子"序号的原则："种子"和"种子"序号应根据运动员（队伍）的比赛成绩来确定。比赛成绩比较可参照以下原则：小比赛成绩服从大比赛成绩；低水平比赛成绩服从高水平比赛成绩；远期比赛成绩服从近期比赛成绩；团体赛中单打场次成绩服从单打项目成绩。世界比赛中"种子"应根据最新的世界优秀选手排名表确定。

(2) 设定"种子"数目。

"种子"数目应根据参加比赛的队伍数或运动员人数的多少来确定。当单项比赛采用淘汰赛时,"种子"数目应为2的乘方数。根据某些比赛的特殊要求,有时也可以不设"种子"。

(3) 设定"种子"的位置。

根据单淘汰赛名次产生的规律,种子的分布也应按其序号合理地进(抽)入不同的分区、不同的号码位置上。"种子"位置表如下。

"种子"位置表

1	256	129	128	65	192	193	64
33	224	161	96	97	160	225	32
17	240	145	112	81	176	209	48
49	208	177	80	113	144	241	16
9	248	137	120	73	184	201	56
41	216	169	88	105	152	233	24
25	232	153	104	89	168	217	40
57	200	185	72	121	136	249	8
5	252	133	124	69	188	197	60
37	220	165	92	101	156	229	28
21	236	149	108	85	172	213	44
53	204	181	76	117	140	245	12
13	244	141	116	77	180	205	52
45	212	173	84	109	148	237	20
29	228	157	100	93	164	221	36
61	196	189	68	125	132	353	4

3) 克服单淘汰赛机遇性强的办法

在单淘汰赛中运动员所在的位置号码和所遇到的对手直接关系到比赛成绩。因此,按照"种子"选手和非"种子"选手分批通过抽签的方式使他们进入不同的区域、不同的号码位置上,最大限度地实现以机遇对机遇,在机遇面前人人平等的原则。

利用淘汰附加赛办法,决出竞赛所需的1~8名或1~16名的全部运动员(或队伍)名次。其方法是每一轮的胜者与胜者、负者与负者之间进行比赛,直至排出竞赛所需确定的名次顺序。例如,竞赛要求排出前8名运动员的名次顺序,需在前8名运动员中另外安排淘汰附加赛,如图6-1所示。

3. 混合赛制

一次竞赛中同时采用循环赛制和淘汰赛制,称为混合赛制。在乒乓球竞赛中,混合赛制主要有以下几种形式。

1) 先淘汰后循环

先采用单淘汰赛的方法将大多数或绝大多数的队伍或运动员淘汰,最后剩下少数优秀队伍或运动员,再进行单循环赛。这种先淘汰后循环的办法可使少数优秀队伍或运动员得到更多的锻炼,或对他们进行更好的选拔。

2) 先循环后淘汰

整个竞赛分为两个阶段:第一阶段,将参加比赛的队伍或运动员分成若干小组,分组进行小组单循环赛;第二阶段,各个小组的同名次队伍或运动员进行单淘汰赛,决出部分

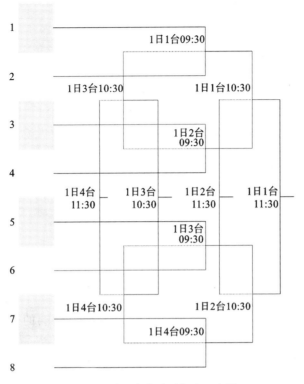

图 6-1 前 8 名淘汰附加赛示意图

或全部名次。这种竞赛办法能有效地控制比赛总场数和各队伍（运动员）比赛强度，并且在最后阶段将比赛推向高潮。

3）循环结合佩奇制

在先循环后淘汰的比赛中，运动员（队伍）为了在淘汰赛中选择有利于自己的对手，可能会在某些场次出现"让球"现象。采用佩奇制可在一定程度上防止打假球现象出现。佩奇制具体方法如图 6-2 所示。

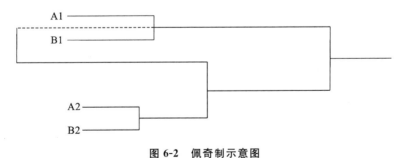

图 6-2 佩奇制示意图

6.2 乒乓球竞赛抽签方法

由于乒乓球运动技术种类繁多，打法各异，在比赛中运动员进入不同的区域（组）和号码位置将对比赛成绩产生不同的影响。因此，运用抽签办法使种子选手和非种子选手以及同一协会的选手，在一定的原则和方法的指导下分层级随机进入相应的区域（组）和号码位置,可使比赛最终结果相对公平、客观。

6.2.1 抽签原则

1. 种子运动员(队伍)合理分开

第一号种子应安排在上半区的顶部,第二号种子应安排在下半区的底部,其余种子应通过抽签进入规定的位置,具体如下:

(1) 第三、四号种子应分别进入上半区的底部和下半区的顶部;
(2) 第五至第八号种子应分别进入单数1/4区的底部和双数1/4区的顶部;
(3) 第九至第十六号种子应分别进入单数1/8区的底部和双数1/8区的顶部;
(4) 第十七至第三十二号种子应分别进入单数1/16区的底部和双数1/16区的顶部。

2. 同一协会运动员(队伍)合理分开

同一协会的运动员以前采用跟种子的方式编排,现在不用跟种子,同一协会的运动员可以不用控制了;来自同一协会的运动员应在预选赛的轮次和组别以及正选赛的第一轮中分开,之后的轮次不再分开。

根据抽签的原则,除大会种子选手要合理分开外,同一协会的运动员也应根据队内的排序,抽签进入不同的区域(组)使之在第一轮比赛不相遇。以往在同一协会的运动员抽签采用跟种子分区(组)的办法,现在同协会的种子也采用随机抽签分区(组)方法编排。

6.2.2 竞赛抽签方法

1. 循环赛的抽签方法

乒乓球竞赛的团体比赛项目,较多采用第一阶段分组进行单循环赛的竞赛办法,在单项比赛中有时根据需要也采用第一阶段分组进行单循环赛的办法。在抽签时,一般采用直接分组定位,从而将"种子"和非"种子"队伍分层级直接确定到各个组内的抽签方法。

示例:

1) 先抽"种子"队

1抽进A组,2抽进B组,3抽进C组,4抽进D组;或3、4抽进C组、D组。

2) 次抽副"种子"队

蛇行排列、一批抽、抽排结合:5、6抽进C组或D组;7、8抽进A组、B组;11、12抽进C组或D组;9、10抽进A组、B组;13、14抽进C组或D组;15、16抽进A组、B组。分组如下。

A组	B组	C组	D组
1	2	3(4/3)	4(3/4)
(8/7)	(7/8)	(6/5)	(6/5)
(9/10)	(10/9)	(11/12)	(12/11)
(16/15)	(15/16)	(14/13)	(13/14)

3) 再抽非"种子"队

一批抽、分批抽。如16个队伍分4组,以世界杯的抽签方法为例说明。

世界杯第一阶段抽签办法:种子只享受一次抽签机遇。第二阶段抽签只要求同组分开。分组如下。

A组	B组	C组	D组
1	2	3	4
(8	7	6	5)
(9	10	11	12
16	15	14	13)

2．淘汰赛抽签方法

乒乓球单项比赛通常采用单淘汰赛制,一般采用先分区、后定位的抽签方法,即先将各参赛运动员抽入各区内,再用一次抽签方法将各区内的运动员抽签进入所在区的各个号码位置上。确定抽签顺序的方法有:

(1) 按参赛单位名称的笔画多少或拼音首字母顺序决定抽签顺序;

(2) 采用抽签的办法决定抽签顺序;

(3) 按参赛单位的人数和"种子"多少决定抽签顺序;

(4) 按报名时间的先后决定抽签顺序。

3．准备抽签用具

抽签用具包括抽签卡(包括"名签""号签""区签")、分区控制表、抽签说明词、抽签记录表、抽签备用品等。

在正式抽签前,应当进行抽签实习。通过实习可以发现该项目的抽签规律和在抽签中可能发生的问题。如条件允许,应在抽签实地进行彩排。

6.3 乒乓球竞赛编排方法

6.3.1 编排工作的基本要求

1．保证各队伍和运动员合理的比赛强度

(1) 编排方案应立足于任何队伍、任何运动员在每个项目的每次比赛中可能获得胜利,并以这样的原则来确定队伍和运动员的最大极限量。

(2) 编排工作要力求降低运动员在场时间和实际比赛时间的比例。

(3) 使用多场地比赛时,应避免出现一个运动员在一节比赛时间内要在两个场地进行比赛的现象。对男女队团体只有一名教练员的队伍,还应尽量避免其男、女队同时上场比赛,特别是不能在两个比赛场地同时上场比赛。

(4) 在一节比赛中,运动员在两场比赛之间应有不少于一场比赛时间的休息,即不得连场。

(5) 一般情况下,在单项比赛中,7局4胜制的比赛每节不超过3场,一天不超过7场;团体比赛每节不超过1场,每天不超过3场。

2．满足和适应观众的要求

(1) 在一节比赛中应安排有男、女队伍或男、女运动员的比赛,避免出现性别"清一色"的现象。

(2) 每一节比赛都应安排有优秀运动员参加的精彩的比赛。

(3) 晚上和节假日应多安排一些重要和精彩的比赛，以赢得上座率，提高电视收视率。

(4) 满足电视转播需求。

(5) 防止发生全场"空场"的情况。

3. 合理使用场馆

(1) 场馆一般都设置若干张球台，根据比赛的进行情况，球台的使用一般遵循先多后少有规律的递减，要防止忽多忽少的现象。

(2) 在多个场馆进行比赛时，应把最优秀的队伍或运动员安排在中心场馆进行比赛。

4. 重视团体、单项决赛的安排

团体决赛和单项决赛应分别单独进行，单项决赛的安排可参考两种方式：

(1) 混双提前进行：男单、女单、男双、女双四个项目在同一个晚上进行比赛。

(2) 混双提前进行：女单、男双在同一个晚上进行比赛，男单、女双在最后一节进行比赛。单项决赛只标出日期和节次，不排定具体的时间、台号，有利于电视转播和裁判长调度。

5. 符合竞赛规程的规定和节约比赛的经费开支

编排方案必须符合竞赛规程的各项规定；采取多种有效措施努力节约经费开支。

6. 注意中心球台的使用

在举行重大国际比赛时，各大媒体和新闻电视台要对部分重要、精彩场次进行录像或现场转播，在竞赛编排过程中应考虑：

(1) 转播世界排名靠前的优秀运动员之间的比赛；

(2) 转播有主办国著名运动员参加的比赛；

(3) 转播主要赞助商要求转播的比赛。

对以上比赛，编排时要有预见性，如临时调动则应符合规程规定。同时，应向重要新闻媒体和赞助单位提供比赛编排表，以便对方合理安排转播事项。

6.3.2 编排工作的主要内容

1. 设计编排方案

编排方案涉及竞赛日程、比赛方法、参赛队伍选手的人数、场地和球台的规模等。除了十分熟悉竞赛规程对比赛办法的规定以及其他有关规定外，还要尽可能准确地估计可能参加比赛的队伍数和运动员人数。设计编排方案最重要的是搞好整体设计并在抽签前做出编排预案。

2. 编排竞赛秩序

1) 团体比赛编排

一般情况下一节比赛（上午、下午和晚上为三节比赛时间）中每张球台安排男、女团体赛各一场。为了避免出现连场和重场现象，在比赛互相衔接的情况下，采取男女相对固定的比赛办法，例如每节均按先女后男的办法安排比赛。编排中，也可采用每张球台安排一场男子团体比赛或两场女子团体比赛的方法。团体赛的分组应特别注意"轮数"的变化，个别组的队伍比其他组的队伍多一个而成为奇数队，如一个组有 7 个队伍，其他组有 6 个队伍,则多出 2 轮,从而增加了编排的难度。团体赛的决赛应单独安排一节。一场团体比赛理论时间为一个半小时。

2) 单项比赛的编排

在一节单项比赛中应尽可能防止性别"清一色"的男子或女子比赛,或只进行双打比赛而无单打比赛。为了解决混合双打比赛问题,可在观众较少的节次中突击三轮。一场单打(7 局 4 胜)的理论比赛时间为 30 min。一场双打比赛(5 局 3 胜)的理论时间为 20 min。为了防止在多项目比赛时出现连场情况,可采用男、女交叉和同项目衔接的方法。

3. 编制秩序表

1) 团体比赛秩序表

单循环赛是团体比赛的基本方法,单循环赛常采用坐标式秩序表,如表 6-2 所示。

表 6-2 单循环赛的坐标式秩序表

A	1	2	3	4	积分	计算	名次
1							
2	1日 15:30 1台						
3	1日 11:30 1台	1日 10:00 2台					
4	1日 10:00 1台	1日 11:30 2台	1日 15:30 2台				

2) 单项比赛秩序表

单淘汰赛是单项比赛的基本方法,单淘汰赛的比赛秩序表格式如下:

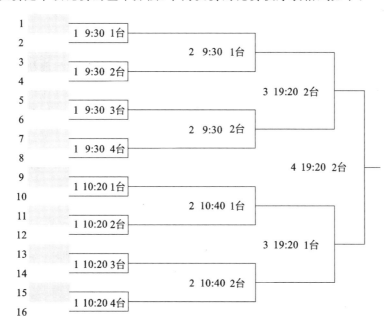

4. 多个项目编排

一次乒乓球竞赛往往包含了很多项目,这就需要我们在编排比赛的时候做到心中有数,这就是将各个项目汇编在一起,进行划块。有多个项目比赛时,通过划块的办法确定各项比赛时间与场地安排后,再依次进行编排,如表6-3所示。

表6-3 多个项目编排

项目	第1轮	第2轮	第3轮	第4轮	第5轮	第6轮	第7轮	场数	轮数
男单(128)	32	32	32	8	8	4	4	4	2	1	127	7
女单(128)	32	32	32	8	8	8	4	2	1	127	7
男双(64)	32	16	8	4	2	1		63	6
女双(64)	32	16	8	4	2	1		63	6
混双(128)	64	32	16	8	4	2	1	127	7
								507	
注	1日晚	2日上	2日下	2日晚	3日上	3日下	3日晚		
	4日上	4日下	4日晚	5日上	5日晚	6日上	6日晚		

5. 检查编排结果

编排工作完成以后,需要进行认真检查。检查队伍和运动员的比赛强度是否适当,是否有连场情况,是否有一名选手在一节时间里在两个场地比赛的情况,编排方案是否与竞赛规程的规定完全一致等。

6. 编印技术文书

技术文书包括秩序册和成绩册等。竞赛秩序经检查后,应迅速编印成秩序册发放至各队伍和裁判员等大会有关人员。秩序册一般包括竞赛规程、工作人员名单、运动队伍(运动员)名单、竞赛日程、比赛秩序表,以及场地平面图等内容。其中比赛秩序表是最重要的部分。

7. 控制比赛进程

由于理论编排时间与实际比赛进程的时间很有可能不一致,因此裁判长和编排组从整个比赛大局出发,为了保证比赛顺利进行,就有可能会采取调台或者其他手段。这个时候就需要有一个整体的控制表来方便观察场上情况以便及时采取行动。表6-4就是一个比赛控制表,从表中可以直观地看出比赛人员、项目、比赛时间、台号等。

表6-4 比赛控制表

日	时间	1台	2台	3台	4台
12	08:30	1—4(男单10岁以下组岁组A-1) 林星 席昱晨 十堰 襄阳	2—6(男单10岁以下组岁组A-1) 万炅哲 蒋博阳 荆州 孝感	5—7(男单10岁以下组岁组A-1) 张天 翊方渝超 襄阳 奥体中心	1—4(男单10岁以下组岁组B-1) 朱宏泽 郭祖凯 宜昌 荆州
12	08:45	1—4(男单12~13岁组A-1) 刘衍 徐桉搏 黄石 天门	2—6(男单12~13岁组A-1) 祁逸飞 张哲豪 武汉 荆州	3—5(男单12~13岁组A-1) 肖泽坤 徐昭晖 襄阳 奥体中心	1—4(男单12~13岁组B-1) 汤云棚 黄若贤 武汉 奥体中心

续表

日	时间	1台	2台	3台	4台
12	09:00	3—5(男单12~13岁组B-1) 沈骏宇　罗星雨 奥体中心　襄阳	1—4(男单12~13岁组C-1) 熊梦阳　毛闻天 武汉　襄阳	1—4(男单11岁组A-1) 毛阁　李欣明 武汉　十堰	2—6(男单11岁组A-1) 蔡泽浩　胡华鎣 孝感　荆州
12	09:15	2—6(男单12~13岁组C-1) 肖帝宇　熊远哲 宜昌　荆门	3—5(男单12~13岁组C-1) 罗贝尔　聂聪闻 襄阳　奥体中心	1—4(男单12~13岁组D-1) 徐逸航　倪幕尧 黄石　襄阳	2—6(男单12~13岁组D-1) 李天宇　危啸 武汉　崇仁中心
12	09:30	2—7(男单10岁以下组B-2) 乐效铭　陆子涵 十堰　黄石	3—5(男单10岁以下组B-2) 张祚麻　何宇煌 孝感　荆州	1—6(男单10岁以下组C-2) 罗笑然　刘子冠 襄阳　咸宁	4—8(男单10岁以下组C-2) 郭祖杰　常垚坤 荆州　襄阳
12	09:45	3—5(女单12~13岁组A-1) 傅杨清　卢熙蕾 宜昌　天门	1—4(女单12~13岁组B-1) 陈颖瑄　刘宇佳 省体校　襄阳	2—6(女单12~13岁组B-1) 罗玥萱　田李君 天门　宜昌	3—5(女单12~13岁组B-1) 郑如月　彭瑾怡 武汉　孝感
12	10:00	6—7(男单10岁以下组A-3) 蒋博阳　方渝超 孝感　奥体中心	4—5(男单10岁以下组A-3) 席昱晨　张天翊 襄阳　襄阳	2—3(男单10岁以下组A-3) 万炱哲　王明超 荆州　孝感	1—8(男单10岁以下组B-3) 朱宏泽　胡海洋 宜昌　崇仁中心
12	10:15	1—6(男单12~13岁组A-2) 刘衍　张哲豪 黄石　荆州	4—5(男单12~13岁组A-2) 徐桉搏　徐昭晖 天门　奥体中心	2—3(男单12~13岁组A-2) 祁逸飞　肖泽坤 武汉　襄阳	1—6(男单12~13岁组B-2) 汤云棚　缪郁文 武汉　荆门
12	10:30	2—3(男单12~13岁组B-2) 王柏韬　沈骏宇 崇仁中心　奥体中心	1—6(男单12~13岁组C-2) 熊梦阳　熊远哲 武汉　荆门	4—5(男单12~13岁组C-2) 毛闻天　聂聪闻 襄阳　奥体中心	2—3(男单12~13岁组C-2) 肖帝宇　罗贝尔 宜昌　襄阳
12	10:45	1—6(男单11岁组A-2) 毛阁　胡华鎣 武汉　荆州	4—5(男单11岁组A-2) 李欣明　许立扬 十堰　襄阳	2—3(男单11岁组A-2) 蔡泽浩　李知玄 孝感　奥体中心	1—6(男单11岁组B-2) 胡杰聪　雷思远 奥体中心　十堰
12	11:00	1—5(男单12~13岁组A-3) 刘衍　徐昭晖 黄石　奥体中心	6—3(男单12~13岁组A-3) 张哲豪　肖泽坤 荆州　襄阳	4—5(女单12~13岁组B-2) 刘宇佳　彭瑾怡 襄阳　孝感	2—3(女单12~13岁组B-2) 罗玥萱　郑如月 天门　武汉

日	时间	1台	2台	3台	4台
12	11:15	1—7(男单10岁以下组A-4) 林星　方渝超 十堰　奥体中心	6—3(男单10岁以下组A-4) 蒋博阳　王明超 孝感　孝感	4—2(男单10岁以下组A-4) 席昱晨　万炅哲 襄阳　荆州	1—7(男单10岁以下组B-4) 朱宏泽　陆子涵 宜昌　黄石
12	11:30	4—2(男单12～13岁组A-3) 徐桉搏　祁逸飞 天门　武汉	1—5(男单12～13岁组B-3) 汤云棚　罗星雨 武汉　襄阳	6—3(男单12～13岁组B-3) 缪郁文　沈骏宇 荆门　奥体中心	4—2(男单12～13岁组B-3) 黄若贤　王柏韬 奥体中心　崇仁中心

6.4 乒乓球竞赛组织方法

乒乓球竞赛是一项复杂的系统工程。竞赛的组织者不仅要熟知竞赛基本原理、竞赛规则,而且需要熟知竞赛的组织程序和工作方法,同时,还要善于协调参赛队伍或运动员与竞赛组委会以及裁判员等各方面的关系,它们是搞好竞赛工作必不可少的重要因素。

6.4.1 制定竞赛规程

竞赛规程是一次竞赛的纲领性文件,是组织和进行比赛的指南,一般由竞赛主办单位根据竞赛的目的、性质、规模、时间和场地等情况制定。竞赛规程的内容有:竞赛名称、目的、举办日期、举办地点、竞赛项目、竞赛办法、报名人数、报名资格、报名截止日期、报到日期、录取名次及奖励、采用的竞赛规则、比赛用球、比赛用球台,以及精神文明运动员、运动队伍、裁判员的评选和其他有关规定。竞赛规程示例如下。

2014年武汉体育学院乒乓球通二级赛竞赛规程

一、竞赛日期和地点

2014年5月27—28日上午8:30—11:30、下午13:30—17:30在武汉体育学院小球馆乒乓球馆举行。

二、竞赛项目

设男子单打、女子单打、混合双打三个项目的比赛。

三、参加办法

凡我校注册学员均可以报名参加通二级的比赛;已经获得乒乓球二级运动员证书的学员不再参加此通二级比赛;所有项目不得兼项;所有参赛队员须带身份证或学生证进行资格审查,如发现有代打行为将取消比赛资格并报竞赛中心通报处理。

四、竞赛办法

1. 所有比赛均采用单淘汰赛制。
2. 采用国家体育总局最新审定的《乒乓球竞赛规则》。
3. 比赛用球:"红双喜"牌白色三星球。
4. 比赛采用5局3胜制。

五、录取名次与奖励

将录取男、女单打前8名，混双前4名运动员上报教研室和竞赛中心，颁发二级运动员证书。

六、报名时间

报名参加比赛的运动员名单请于2014年5月10日下午17：30之前送交黄××（联系电话18××××××××××），过时不接受报名。

七、裁判员

裁判员由组织本次比赛的裁判长指派。

本规程解释权属乒羽教研室，未尽事宜另行通知。

××××训练竞赛管理中心

××××乒羽教研室

××××年××月××日

6.4.2 制定比赛方案

大型的正规乒乓球竞赛包含7个项目：男子单打、女子单打、男子双打、女子双打、混合双打、男子团体、女子团体。组织大型赛事前需要对整个竞赛制定整体方案，竞赛组或裁判长要研究竞赛规程，对团体赛和各单项比赛可能的报名数有一个预估，对团体和单项比赛的安排顺序、比赛所需要的时间跨度、场地数以及比赛场数等进行预案准备，为正式进入抽签、编排工作做好充分的准备。

6.4.3 接受报名

竞赛规程发出后即准备接受各单位或运动员报名，所接收的报名单及其报名的时间顺序将作为确定抽签的对象和顺序。登记报名表是竞赛编排工作的重要依据。

6.4.4 裁判员培训

裁判员是一场比赛的组织者和主要管理者，裁判员的思想作风、工作态度以及业务水平对搞好一次竞赛工作至关重要。在竞赛大会开始前夕，需要组织裁判员集中学习，使裁判员熟知竞赛规程、竞赛规则以及规则尺度的把握，要组织裁判进行临场操作培训，统一裁判员的服装、工作程序以及临场操作手势等细节和具体要求。

6.4.5 安排练习场地

每一次竞赛在赛场条件、赛地气候等方面对队伍或运动员来说都是不一样的，队伍或运动员到竞赛地报名后有适应场地的需求，竞赛组应遵从机会均等的原则预先为每个队伍或运动员在不同的时间段和不同的场地安排练习。

因报名先后会出现练习场地、练习时间不均等问题，竞赛组可视情况做相应调整以保证后到者能得到一定的适应场地的机会。

6.4.6 制定抽签方法与预抽

裁判长在赛前要制定合理的抽签方案并进行预抽。预抽时会发现抽签过程中有可能会出现的问题并做出抽签技术调整。如果不预抽直接进入正式抽签，就可能会使抽签出现失误即失败的情况，导致赛前埋下矛盾，不利于比赛的顺利进行。因此，制定抽签方案并进行预抽是保证正式抽签能顺利进行的重要环节。

6.4.7 教练员、领队、裁判长联席会议

当各参赛单位到达比赛场地后,竞赛组委会应组织召开教练员、领队、裁判长联席会议。一般先由组织方介绍本次比赛的筹备情况、后勤保障及注意事项,再由裁判长宣布规程和规则执行要求,各领队及教练员与主办方和裁判长就有关规程、规则、报名人员更改等诸方面进行协商。

6.4.8 抽签

裁判长在组织抽签的时候要宣读抽签原则及办法,并在抽签时对每一个步骤进行说明,以保证每个单位代表能够清楚地了解抽签的公正性、公平性以及抽签的结果。为使抽签体现公开、公平、公正的原则,在抽签的过程中要让各单位代表参与其中,实施自己选择的权利。

6.4.9 印发秩序册

当抽签结束以后,应立即将秩序册发放到各参赛单位和裁判员手中,使教练员、运动员和裁判员能尽快知道比赛秩序安排,以利于整个比赛顺利进行;同时,也有利于各队教练员和运动员针对对手情况排兵布阵,制定比赛战术。

6.4.10 比赛检录与成绩公布

裁判员要在比赛开始前对每个运动员进行资格审查和其他方面的检录;比赛后要及时将比赛结果表送交竞赛记录组,以便及时公布比赛结果,保证各参赛单位、观众及其他相关人员能够及时了解比赛进程。

6.5 竞赛裁判工作与操作

6.5.1 裁判员入场准备

(1) 裁判员在每节比赛前 30 min 到指定的地点向裁判长或指定的代理人报到。

(2) 各裁判组组长领取本组任务单并带领本组裁判员于赛前 15 min 到指定场区,组长负责对比赛场地进行检查,发现问题及时处理;召集参赛队伍或运动员到场报到并核对参赛队员名单、服装和号码布等。

(3) 在一场比赛前 10 min,担任当场执裁任务的裁判员应拿到该场比赛的记分单,组织双方上场比赛的运动员用挑边器抽签、挑选比赛用球。

(4) 进入赛区前,主裁判与助理裁判应就即将开始的比赛进行简短的交流,进一步明确各自的职责与分工,从而达到临场默契配合的程度。

(5) 进入赛区前,主裁判在前并将夹板和一盒球放在左手,助理裁判在主裁判后,比赛运动员在助理裁判身后站在赛区入口处排成一列,等候裁判长指令。此时主裁判与助理裁判应将执裁使用笔、秒表、量网尺、挑边器等放在口袋里(红/黄/白牌放在外衣上口袋),不得露在外面或挂在脖子上。个人手提包等私人物品应在此前放到裁判长指定的

位置。

（6）在裁判长统一指挥下，裁判和运动员伴随音乐，迈着统一的步伐沿直线进入比赛场地。在决赛进入比赛区域时，播音员可能会介绍比赛官员和运动员。

（7）裁判长可能会组织一组裁判员同时进入比赛区域，裁判员再分别到达各自的球台。在这种情况下，裁判员和助理裁判员应在指定的区域集合，按照球台的顺序排好队，同时跟随队伍第一个人沿直线进入比赛区域。

（8）裁判员不能跨越挡板，他/她应该挪开一个挡板，优雅地走过后再合拢这块挡板。

（9）每台裁判员到达各自的台区，转身走向裁判椅并在裁判椅两侧站立，直到所有的裁判员都到达指定的位置。

6.5.2　裁判员入场

（1）裁判长或裁判组长将会指定每块场地的出入口。一般出入口在每块场地靠近裁判椅的拐角处。

（2）裁判员和助理裁判员一到达场地，就应该走向裁判椅。主裁判将夹板和球放在裁判椅上，以立正的姿势站在裁判椅的右边，面向球台；助理裁判员站在裁判椅的左边，等待广播向观众和媒体介绍运动员和裁判员的姓名。

（3）被点到名字的人员向前迈一小步，而后向后一小步回到原来的位置，不要向后转面对其他观众或举手示意。

（4）某些重要的比赛中，运动员将与裁判员一起进入场地，运动员应分别站在裁判员与助理裁判员的两侧。当广播向观众介绍完运动员与裁判员后，裁判员再开始履行赛前场内执裁职责。

（5）不管有无向观众介绍，入场的裁判员应在到达指定位置后至少停留5 s，助理裁判员应跟随主裁判，同时开始履行场内的执裁职责。

6.5.3　赛前工作程序

（1）练习开始前，主裁判操作如下：
①检查球拍；
②检查运动衫的颜色（若进场前没有完成这项检查）；
③检查运动员号码布（若裁判长或组委会要求）；
④单项比赛时，确定场外指导者；
⑤用挑边器抽签，确定发球和方位；
⑥开表记录练习时间，或者请助理裁判员计时；
⑦填写记分单上的相关信息。

（2）在选手练习时，裁判员回坐在裁判椅上。

（3）当主裁判履行上述职责时，助理裁判员操作如下：
①检查网的高度和张度；
②清理台面和地板；
③将挡板摆好摆正；
④将计分器复位到空白（如果需要的话）；

⑤如果组委会或裁判长提供了名牌,则将它们放在适宜的地方;
⑥如果选手到达比赛场地或在赛场附近,则将计分器上的比分牌翻至0∶0。
(4)完成上述职责后,在选手练习时,助理裁判员应坐在椅子上。

6.5.4　开始比赛

(1)当练习时间到,助理裁判员举起手臂并宣布"时间到"。
(2)主裁判指向发球员的同时要观察接发球员是否准备好。
(3)主裁判坐在裁判椅上将球抛给发球员,然后宣布:"<u>凯恩</u>对<u>波尔</u>,第一局比赛,<u>凯恩</u>发球,0∶0。"(画线部分根据实际比赛用适当内容替换。)
(4)助理裁判员将比分牌翻到0∶0,并在发球员发球时不执拍手将球向上抛起的最后一瞬间,启动秒表,比赛开始。

6.5.5　比赛进行中

(1)在一场比赛中,手势应统一。
(2)在比赛过程中,裁判应做到:
①报分清楚洪亮,使坐在教练席上的人能听到;
②控制比赛时间,或指定助理裁判员来控制比赛时间;
③监督并确保执行关于发球的规定;
④监督并确保执行关于运动员行为的规定;
⑤在局与局之间,确保选手的球拍放在球台上;
⑥确保比赛的连续性,不能让比赛选手借擦汗、暂停等拖延时间;
⑦监督并确保教练场外指导的合法性。在分与分之间特别是在决胜局交换方位时,裁判员应监督双方的教练是否违规指导,主裁判与助理裁判员应在赛前就明确各自应注意的目标,以方便观察为原则。

6.5.6　比赛结束时宣布结果

比赛结束时,主裁判坐在裁判椅上填写最后一局比分并宣布比赛结果。以平稳的方式讲出每一个词,这段话大概用7 s宣告,例:11∶9,<u>波尔</u>以4∶3胜。

6.5.7　赛后操作程序

(1)如果裁判长要求,则裁判员应让选手在记分表上签名;
(2)助理裁判员将计分器恢复为空白;
(3)清点球及各种器材后装入器材包里,将场地恢复到适当条件。

6.5.8　比赛结束裁判退场

(1)主裁判与助理裁判员在裁判椅旁集合,排队准备退场。
(2)主裁判左手拿记分表在前,助理裁判员随后依次退场。
(3)主裁判将记分表直接交到裁判长席,裁判长(或指定副裁判长)应该检查记分表填写是否完整、准确,检查无误后签名,将记分表交给记录组或电脑操作员进行成绩处理。

（4）主裁判和助理裁判员交流情况，总结经验教训，然后报告裁判长是否可以离开赛区。如果希望观看比赛，应该在指定区域或观众席就座。

6.6 乒乓球竞赛规则

竞赛规则是竞赛场上的法律，是运动员比赛中遵循的行为准则，也是裁判员"判决"的依据。运动员要学习规则，自觉遵守规则；裁判员要学习规则条例，研究规则精神，统一规则尺度，掌握"判决"的方法，做到严肃、认真、公正、准确，才能保证竞赛工作的顺利进行。

6.6.1 器材设备

1. 球台

球台上层表面叫作比赛台面，应为与水平面平行的长方形，长 2.74 m，宽 1.525 m，离地面高 76 cm。比赛台面不包括球台台面的侧面。

比赛台面可用任何材料制成，应具有一致的弹性，即当标准球从离台面 30 cm 高处落至台面时，弹起高度应约为 23 cm。比赛台面应呈均匀的暗色，无光泽。沿 2.74 m 的边线边缘及 1.525 m 的端线边缘应有一条 2 cm 宽的白线。比赛台面由一个与端线平行的竖直的球网划分为两个相等的台区。各台区的整个面积应是一个整体。双打时，各台区应由一条 3 mm 宽的白色中线划分为两个相等的半区。中线与边线平行，并应被视为右半区的一部分。

2. 球网装置

（1）球网装置包括球网、悬网绳、网柱及将它们固定在球台上的夹钳部分。
（2）球网应悬挂在一根绳子上，绳子两端系在高 15.25 cm 的直立网柱上，网柱外缘的距离为 15.25 cm。
（3）整个球网的顶端距离比赛台面 15.25 cm。
（4）整个球网的底边应尽量贴近比赛台面，其两端应尽量贴近网柱。

3. 球

（1）球应为圆球体，直径为 40 mm。
（2）球重 2.7 g。
（3）球应用赛璐珞或类似的塑料制成，呈白色或橙色，且无光泽。

4. 球拍

（1）球拍的大小、形状和重量不限。但底板应平整、坚硬。
（2）底板厚度至少应由 85% 的天然木料构成。加强底板的黏合层可用诸如碳纤维、玻璃纤维或压缩纸等纤维材料，每层黏合层不超过底板总厚度的 7.5% 或 0.35 mm。
（3）用来击球的拍面应用一层颗粒向外的普通颗粒胶覆盖，连同黏合剂，厚度不超过 2 mm；或用颗粒向内或向外的海绵胶覆盖，连同黏合剂，厚度不超过 4 mm。
（4）普通颗粒胶是一层无泡沫的天然橡胶或合成橡胶，其颗粒必须以每平方厘米不少于 10 颗、不多于 30 颗的平均密度分布在球拍的整个表面。
（5）海绵胶即在一层泡沫橡胶上覆盖一层普通颗粒胶，普通颗粒胶的厚度不超过 2 mm。

（6）覆盖物应覆盖整个拍面，但不得超过其边缘。靠近拍柄部分以及手指执握部分可不予以覆盖，也可用任意材料覆盖。

（7）底板、底板中的任何夹层以及用来击球一面的任何覆盖物及黏合层应为厚度均匀的一个整体。

（8）球拍两面不论是否有覆盖物，必须无光泽，且一面为鲜红色，另一面为黑色。

（9）由于意外的损坏、磨损或褪色，造成拍面的整体性和颜色上的一致性出现轻微的差异，只要未明显改变拍面的性能，均可允许使用。

（10）比赛开始时及比赛过程中运动员需要更换球拍时，必须向对方和裁判员展示他将要使用的球拍，并允许他们检查。

6.6.2 定义

1. 回合

球处于比赛状态的一段时间。

2. 球处于比赛状态

从发球时球被有意向上抛起前静止在不执拍手掌上的最后一瞬间开始，直到球触及比赛台面，到该回合被得分或重发球。

3. 重发球

不予判分的回合。

4. 一分

判分的回合。

5. 执拍手

正握着球拍的手。

6. 不执拍手

未握着球拍的手。

7. 击球

用握在手中的球拍或执拍手腕以下部位触球。

8. 阻挡

对方击球后，向比赛台面方向运动的球，在没有触及本方台区，也未越过之前，即触及本方运动员或其穿戴的任何物品。

9. 发球员

在一个回合中，首先击球的运动员。

10. 接发球员

在一个回合中，第二个击球的运动员。

11. 裁判员

被指定管理一场比赛的人。

12. 副裁判员

被指定在某些方面协助裁判员工作的人。

13. 运动员"穿或戴（带）"的物品

包括运动员在一个回合开始时穿或戴（带）的任何物品，但不包括比赛用球。

14. 越过或绕过球网装置

除从球网和比赛台面之间通过以及从球网和网架之间通过的情况外,球均应视作已越过或绕过球网装置。

15. 端线

包括球台端线以及端线的无限延长线。

6.6.3 发球

1. 要求

(1) 发球开始时,球自然地置于不持拍手的手掌上,手掌张开,保持静止。

(2) 发球员须用手将球几乎垂直地向上抛起,不得使球旋转,并使球在离开不执拍手的手掌之后上升不少于 16 cm,球下降到被击出前不能碰到任何物体。

(3) 当球从抛起的最高点下降时,发球员方可击球,使球首先触及本方台区,然后越过或绕过球网装置,再触及接发球员的台区。在双打中,球应先后触及发球员和接发球员的右半区。

(4) 从发球开始到球被击出,球要始终在比赛台面的水平面以上和发球员的端线以外,而且从接发球方看,球不能被发球员或其双打同伴的身体或他们所穿戴(带)的任何物品挡住。

(5) 球一旦被抛起,发球员的不执拍手臂应立即从球和球网之间的空间移开。球和球网之间的空间由球和球网及其向上的延伸来界定。

(6) 运动员发球时,应让裁判员或副裁判员看清他是否按照合法发球的规定发球。

2. 管理与处罚

(1) 如果裁判员对运动员发球合法性有怀疑,在一场比赛中第一次出现时,判重发球,并警告发球方。

(2) 此后,裁判员对该运动员或其双打同伴发球动作的合法性再次怀疑,将判接发球方得 1 分。

(3) 无论是否是第一次发球,任何时候只要发球员明显没有按照合法发球的规定发球,裁判员不需要警告,应判接发球方得 1 分。

(4) 运动员因身体伤病而不能严格遵守合法发球的某个规定时,可由裁判员做出免于执行的决定,但须在赛前向裁判员说明。

6.6.4 还击

对方发球或还击后,本方运动员必须击球,使球直接越过/绕过球网装置或触及球网装置后,再触及对方台区。

6.6.5 比赛次序

在单打中,首先由发球员合法发球,再由接发球员合法还击,然后两者交替合法还击。

在双打中,首先由发球员发球,再由接发球员合法还击,然后由发球员的同伴合法还击,再由接发球员的同伴合法还击,此后,运动员按此次序轮流合法还击。

在两名由于身体残疾而坐轮椅的运动员配对进行的双打中,发球员应先发球,接发球员应还击,此后双打中的任意一名运动员可还击。然而,运动员轮椅的任何部分都不能超越球台中线的假定延长线。如果超越,裁判员将判对方得 1 分。

6.6.6　重发球

1. 回合出现下列情况应判重发球

(1) 发球员发出的球在越过球网装置时,触及球网装置,而后成为合法发球或被接发球员或其同伴阻挡。

(2) 发球员或接发球方未准备好时,球已发出,而且接发球员或接发球方没有企图击球。

(3) 发生了运动员无法控制的干扰,而使运动员未能成功发球、还击或遵守规则。

(4) 裁判员或副裁判员暂停比赛。

2. 可以在下列情况发生时暂停比赛

(1) 要纠正发球,接发球次序或方位错位。

(2) 要实行轮换发球法。

(3) 警告或处罚运动员。

(4) 比赛环境受到干扰,以致该回合结果有可能受到影响。

6.6.7　得 1 分

除被判重发球的回合,下列情况下运动员得 1 分:

(1) 对方运动员未能合法发球;

(2) 对方运动员未能合法还击;

(3) 运动员在发球或还击后,对方运动员在击球前,球触及了除球网装置以外的任何东西;

(4) 对方击球后,球没有触及本方台区而越过本方台区或端线;

(5) 对方阻挡;

(6) 对方连击;

(7) 对方用不符合要求的拍面击球;

(8) 对方运动员或其穿戴(带)的任何东西使球台移动;

(9) 对方运动员或其穿戴(带)的任何东西触及球网装置;

(10) 对方运动员不执拍手触及比赛台面;

(11) 双打时,对方运动员击球次序错误;

(12) 执行轮换发球法时,接发球方连续 13 次合法还击,接发球方得 1 分。

6.6.8　一局比赛

在一局比赛中,先得 11 分的一方为胜方。10 平后,先多得 2 分的一方为胜方。

6.6.9　一场比赛

一场比赛由奇数局组成。

6.6.10　发球、接发球和方位的次序

选择发球、接发球和方位的权利应由抽签来决定。中签者可以选择先发球或先接发

球,或选择先在某一方位。

当一方运动员选择了先发球或先接发球,或选择了先在某一方位后,另一方运动员必须有另一个选择。

在每获 2 分之后,接发球方变成发球方,依次类推,直至该局比赛结束;或者直至双方比分都达到 10 分或实行轮换发球法,这时,发球或接发球次序仍然不变,但每人只轮换发一次球。

在双打比赛中,先发球方确定第一发球员,再由先接发球方确定第一接发球员。在以后的各局比赛中,第一发球员确定后,第一接发球员应是前一局发球给他/她的运动员。

在双打比赛中,每次轮发球时,前面的接发球员应成为发球员,前面的发球员的同伴应成为接发球员。

一局中首先发球的一方,在该场下一局变为接发球方。在双打决胜局中,当一方先得 5 分时,接发球方应交换接发球次序。

一局中,在某一方位比赛的一方,在该场下一局应换到另一方位。在决胜局中,一方先得 5 分时,双方应交换方位。

6.6.11　发球、接发球次序和方位的错误

裁判员一旦发现发球、接发球次序错误,应立即暂停比赛,并按该场比赛开始时确立的次序,按场上比分由应该发球或接发球的运动员发球或接发球;在双打中,则按发现错误时那一局中首先有发球权的一方所确立的次序进行纠正,继续比赛。

裁判员一旦发现运动员应交换方位而未交换时,应立即暂停比赛,并按该场开始时确立的次序,按场上比分运动员应站的正确方位进行纠正,继续比赛。

在任何情况下,发现错误之前的所有得分均有效。

6.6.12　轮换发球法

1. 施行前提

如果一局比赛进行到 10 min 仍未结束(比分之和超过 18 分除外),或者在此之前任何时间应双方运动员要求,应实行轮换发球法。

(1) 当时限到时,球仍处于比赛状态,裁判员应立即暂停比赛。由被暂停回合的发球员发球,继续比赛。

(2) 当时限到时,球未处于比赛状态,应由前一回合的接发球员发球,继续比赛。

2. 施行过程

此后,每位运动员都轮发一球,直至该局结束。如果接发球方进行了 13 次还击,则判接发球方得 1 分。

6.6.13　比赛官员

1. 裁判长

每次竞赛应指派一名裁判长,其身份和工作地点应告知所有参赛者及队长。裁判长应对下列事项负责:

(1) 主持抽签;
(2) 编排比赛日程;

(3) 指派裁判人员；

(4) 主持裁判人员的赛前短会；

(5) 审查运动员的参赛资格；

(6) 决定在紧急时刻是否中断比赛；

(7) 决定在一场比赛中运动员是否可以离开比赛区域；

(8) 决定法定练习时间是否可延长；

(9) 决定在一场比赛中运动员能否穿长运动服；

(10) 对解释规则和规程的任何问题做出决定，包括服装、比赛器材和比赛条件的可接受性；

(11) 决定在比赛紧急中断时，运动员能否练习，以及练习地点；

(12) 对不良行为和违反规程的行为采取纪律行动。

经竞赛管理委员会的同意，当裁判长的任何职责托付给一些其他人员时，这些工作人员中的每个人的特殊职责和工作地点应告知参赛者及队长。

裁判长或负责代理的副裁判长，在整个比赛过程中应自始至终亲临比赛现场。

如果裁判长认为有必要，则可以在任何时间变更裁判员或副裁判员，但不得变更任何被更换者在其职责范围内就事实问题所做出的判定。

2. 裁判员、副裁判员

每场比赛均应指派1名裁判员和1名副裁判员。

1) 裁判员工作职责

裁判员坐在或站在球台侧面，与球网成一直线。他应对下列事项负责：

(1) 检查比赛器材和比赛条件的可接受性，如有问题应向裁判长报告；

(2) 如双方运动员对比赛用球不能达成协议，可任意决定一只比赛用球；

(3) 主持抽签，确定发球、接发球和方位；

(4) 决定是否因运动员身体伤病而放宽合法发球的某些规定；

(5) 控制方位和发球、接发球次序，纠正上述有关方面出现的错误；

(6) 决定每一个回合为得1分或重发球；

(7) 根据规定的程序报分；

(8) 在适当的时间执行轮换发球法；

(9) 保持比赛的连续性；

(10) 对违反场外指导或行为规定等情况采取行动。

(11) 如果双方运动员或运动队伍人员所穿短袖运动衫类似且均不愿更换，则抽签决定某一方必须更换。

2) 副裁判员职责

副裁判员应坐在裁判员的对面，与球网成一直线，并对下列事项负责：

(1) 判定处于比赛状态中的球是否触及距离他最近的比赛台面的上边缘。

(2) 有违反场外指导或行为规定的情况时，通知裁判员。

3) 裁判员或副裁判员共同的职责

裁判员或副裁判员均可判定：

(1) 运动员发球动作不合法；

(2) 合法发球在球越过或绕过球网装置时触及球网装置；

(3) 运动员阻挡;

(4) 比赛环境受到意外干扰,该回合的结果有可能受到影响;

(5) 掌握练习时间、比赛时间及间歇时间。

6.7 思 考 题

1. 开展乒乓球竞赛有何意义?乒乓球竞赛有哪几种赛制?
2. 乒乓球竞赛的抽签有什么原则和要求?
3. 乒乓球竞赛的组织编排的具体内容以及基本有要求有哪些?
4. 乒乓球竞赛组织方法应进行哪些环节?
5. 比赛开始前,主裁判员和副裁判员各有哪些工作要求?
6. 什么是合法发球和发球遮挡?
7. 假设现在有 7 个运动队伍参加比赛,决赛时间应放在晚上 6:30,请你用本章所学知识进行一个简单的比赛编排。

本章参考文献

[1] 黄浩军.乒乓球[M].北京:人民体育出版社,2013.
[2] 中国乒乓球协会.乒乓球竞赛规则[M].北京:人民体育出版社,2016.
[3] 乒乓球运动教程编写组.乒乓球运动教程[M].北京:北京体育大学出版社,2014.
[4] 唐建军.乒乓球[M].北京:北京体育大学出版社,2016.